HAPPINESS EDUCATION
IN THE
ERA OF BIG DATA

陈振华 —— 著

大数据时代的 幸福教育

ZHEJIANG UNIVERSITY PRESS
浙江大学出版社
·杭州·

图书在版编目(CIP)数据

大数据时代的幸福教育 / 陈振华著. —— 杭州：浙
江大学出版社，2023.6
ISBN 978-7-308-24081-9

Ⅰ. ①大… Ⅱ. ①陈… Ⅲ. ①高等教育—教育研究
Ⅳ. ①G642.0

中国国家版本馆 CIP 数据核字(2023)第 150626 号

大数据时代的幸福教育

DASHUJU SHIDAI DE XINGFU JIAOYU

陈振华　著

责任编辑	陈逸行
责任校对	马一萍
封面设计	雷建军
出版发行	浙江大学出版社
	（杭州市天目山路 148 号　邮政编码 310007）
	（网址：http://www.zjupress.com）
排　　版	浙江大千时代文化传媒有限公司
印　　刷	广东虎彩云印刷有限公司绍兴分公司
开　　本	710mm×1000mm　1/16
印　　张	15.25
字　　数	200 千
版 印 次	2023 年 6 月第 1 版　2023 年 6 月第 1 次印刷
书　　号	ISBN 978-7-308-24081-9
定　　价	68.00 元

前 言
PREFACE

    幸福是人类永恒的主题,古往今来,无数哲学家、心理学家、社会学家、经济学家、艺术家等都对其进行了探索,形成了各种各样的幸福理论。哲学家路德维希·安德列斯·费尔巴哈在《幸福论》中曾说:"一切有生命和爱的动物,一切生存着和希望生存的生物之最根本的和最原始的活动就是对幸福的追求。"幸福作为人类活动的"终极目的"和"人类行为的根本动机",一直是人们关注的对象和追逐的目标。关于幸福,不同时代、不同国家的人都有自己的理解和认识,正如《哈佛幸福课》作者丹尼尔·吉尔伯特所说:"'幸福'不过就是一个我们这些语言发明者按照自己的意愿用来指代某东西的词语而已。"①人们从不同的维度丰富和充实着幸福的概念,形成了幸福磁力场。《大数据时代的幸福教育》是关于大数据时代幸福认知和幸福教育变迁的思考,着重阐述了四个问题:幸福是什么,大数据时代的幸福是什么,幸福教育是什么,大数据时代的幸福教育如何开展。

一、幸福是什么

    "幸福是什么"是认识论问题,也就是历史上人们对幸福的认识和已经达成的共识。幸福自古以来就难以定义,难以达成共识。纵观幸

---

① 吉尔伯特.哈佛幸福课[M].张岩,时宏,译.北京:中信出版社,2018:32.

福概念史,对于幸福的认识可以概括为三个维度:一是哲学维度的幸福,体现的是一种理想的人生状态;二是社会学维度的幸福,关注的是实施了有意义的行为;三是心理学维度的幸福,更多地体现了有意义行为基础上的积极心理体验。不管是哪个维度,对幸福的探索都是指向美好生活的,也就是说幸福是美好生活的重要组成部分,也是美好生活的一个显著标志。

关于幸福,我们认为它既是一种理念,也是一种实践。幸福作为一种文化符号,是人类创设的概念。从更大范围来看,幸福作为人类行为,是一种社会实践,是集认识、目标、行动、评判于一体的创造性社会实践活动。也就是说,幸福是我们在一定理论引导下对预设理想状态的无限趋近,这种理想状态的典型特征是持续的积极心理体验和有价值意义的幸福感。我们认为幸福实践具有以下特征:幸福实践是主观幸福与客观幸福的有机统一,是物质幸福和精神幸福的有机统一,是充实幸福与美感幸福的有机统一。在对幸福构成要素进行分析的基础上,我们提出了幸福实践的四大运行机制:幸福期待机制、幸福实现机制、幸福满足机制、幸福评价机制。

幸福是一种实践,也是一种能力,只会创造幸福还不够,还需要具备正确感知和评判幸福的能力,才能最终实现幸福。我们提出了幸福执行力的概念,幸福执行力是指通过个人努力获得持续幸福的能力,它有四个构成要素:幸福认知力、幸福感知力、幸福创造力和幸福评价力。我们赞同作为认识、实践、能力三位一体的幸福是可以教育的这一观点,也就是说,幸福是需要教育的,也是能够教育的。幸福教育具有凝聚社会共识、激发人生动力、助力理想实现等价值。幸福要靠行动去获得,越来越多的人认识到通过幸福教育和幸福学习提升幸福感和幸福指数的重要性。

二、大数据时代的幸福是什么

大数据时代的幸福探索的是如何以发展的眼光看待幸福的问题，涉及幸福的时代性和当代性问题，体现的是幸福在大数据时代的新情况、新形式。

大数据既是一种新技术，又是一种新的思维范式，是技术革命与思维革命的综合体，给我们的世界带来了巨大冲击。大数据是人们获得新的认知、创造新的价值的源泉之一，同时带来了幸福革命，产生了新的幸福认知和幸福实践。"幸福茧房"和幸福疏离是大数据时代特有的现象，对我们的幸福实践活动产生了负面影响，需要我们采取有效措施进行破除。

大数据时代也产生了新的幸福形式，主要有微幸福、虚拟幸福、共享幸福、自幸福、算法幸福等，这些都丰富了我们的幸福实践，但也给我们追求幸福带来了新的挑战。大数据时代迫切需要培养和提升以大数据赋能幸福的新能力，包括用数据挖掘幸福的能力、用数据创造幸福的能力、用数据评价幸福的能力等。

三、幸福教育是什么

"幸福教育是什么"是方法论问题。大数据时代的到来催生了多元文化，多元文化共存又容易产生道德虚无主义、历史虚无主义等问题，重塑人们的世界观、人生观、价值观、幸福观。在这之中，教育的作用至关重要。教育的核心功能是将具有普遍价值的思想观念和伦理规范予以主体内化，使其成为个体的一种自觉追求。幸福教育是将达成社会共识的幸福观念在生活中予以传播、实现主体内化，并将其转化为追求幸福的实践指引的重要途径。幸福和教育之间有密不可分的关系,幸福是教育的目标,教育是幸福的实现途径。通过幸福教育,人们不断深化对幸福的认识,并根据时代发展和环境变化形成对幸福的新认识,达成新共识。幸福教育培养人们感受和体悟幸福的能力,并形成科学的幸福评判标准。通过教育,人们能够更好地认识幸福和感知幸福,也能够更好地把幸福表达和呈现出来。幸福教育的目的不是直接带给我们幸福,而是帮助我们更好地认识、追寻、感受和表达幸福。大数据时代的幸福教育具有一些新特征,是一种以数据为支撑,注重个体多元发展、健康平衡、社交互动和价值实现的教育,实现个体幸福和社会幸福共同发展,更加强调在大数据技术下幸福能力和幸福指数可持续性发展的教育。大数据时代的幸福观教育、幸福能力教育和幸福评价教育都体现出新的特征,我们要充分利用大数据的技术优势追寻新的幸福。

四、大数据时代的幸福教育如何开展

"大数据时代的幸福教育如何开展"是实践论问题。大数据时代的幸福教育要符合时代特征,体现时代的技术性要求和时代进步,通过幸福数据挖掘、幸福算法运用、幸福价值植入和幸福结果可视化等方式构建一种大数据时代特有的幸福运行机制。

大数据时代的幸福更加人性化和个性化。人性化是指更加回归人本位,更多关注人自身,更多指向生命和生活;个性化是指大数据时代知识的个性化必然带来幸福的个性化,数据生成和数据采集都具有很强的个人性。大数据本身又具有共享性的特征,大数据时代要突破自我中心主义和利己主义的"幸福茧房",着力构建个体与集体相融与共的共同体幸福。只有超越了个体的共同体才是个体最终的归宿,个体的归属感、荣誉感、责任感、获得感、使命感的产生都需要依赖共同体的支持。大数据时代的幸福教育还要引导人们超越数据和技术限制,以多样化、多元性的思维来看待和认识这个世界,从而追求更有深度、更有分量的幸福,更多地从人类和集体、共同体角度来思考幸福问题,把个人幸福融入共同体幸福,这样会形成更宽广的视野和更大的格局,也会获得更加宽厚和持久的幸福。

大数据时代,幸福生态发生了很大的变化,原来面对面的现实交流互动变为线上的虚拟交流互动,人们花费大量的时间面对屏幕,这些都消解了现实参与感带来的快乐,形成了一种幸福疏离现象。ChatGPT等新一代人工智能技术的运用引发了全球关注,它能够通过学习和理解人类的语言与人类进行对话,还能根据聊天的上下文与人类进行互动,甚至能完成撰写邮件、视频脚本、文案,翻译,写代码,写论文等任务。这些都引发了人们的思考,也加剧了人们的担忧,很多诸如秘书、会计、翻译等可被替代职业的从业者的工作使命感、神圣感逐步丧失,人们的精神空间也变得碎片化,这些都需要幸福教育予以关注。大数据时代的我们不可能远离网络和大数据,但是可以做到在依靠网络和大数据的同时,不忘记生活的丰富性和多样性,更多地参与现实的交流和活动,不断填充和拓展我们的精神空间和内心世界。这需要把幸福教育与劳动教育相融合,让人们在劳动中感受和体会幸福,更重要的是通过劳动树立劳动创造幸福的观念,认可通过努力奋斗和劳动来实现自己的理想和抱负,把自己的内在潜力和潜能展现出来,也就是通过劳动创造世界来实现本质力量的对象化,从而获得一种更深层次和更持久的内在幸福感。

目　录
CONTENTS

第一章
幸福认知和幸福实践的历史变迁

　　人们对幸福的认识和探索千差万别,但是根本指向都是一致的:幸福指向一种正面、积极、健康的人生状态或愉悦、快乐、满足的情绪体验,也就是说幸福始终是一个褒义词。英国著名哲学家、经济学家亚当·斯密倡导一种行动与省思相结合的生活哲学,他相信良好生活要求一个人把积极行动与省思结合起来。关于幸福的探索,正是一种把积极行动与省思相结合的典范,是一种向着追求积极人生态度转折的开始,是为了追求更加美好的人生,是为了过一种更好的生活。哈佛大学备受欢迎的心理学教授泰勒·本-沙哈尔博士谈到自己为什么研究幸福时曾说:"我之所以开始研究幸福,是因为我曾经不幸福。我不确定我不幸福的程度是否达到了可以被诊断为抑郁症或焦虑的标准,但我确实在大多数时候都感觉很难过,而且承受着巨大的压力。"[①]对于研究了幸福学之后是否幸福了,本-沙哈尔博士表示,"我比以前更幸福了"。由此可见,对幸福的研究和探索可以说是一种幸福的觉

———————
① 本-沙哈尔.幸福的要素[M].倪子君,译.北京:中信出版社,2022:9.

醒,是为了如何让自己和他人生活得更幸福。

　　所有对幸福的研究都是为了更幸福,是一种基于幸福实践、幸福经验的社会思考。幸福既是一个文化概念,是人类"幸福"文明成果的历史积淀;更是一种社会实践活动,是人们基于一定人生观、价值观去追求自己想要的幸福生活的社会实践活动;幸福还是一种能力,是可以通过教育提升的。

一、幸福认知的历史维度

(一)难以定义的"幸福"

　　千百年来,人们达成了一种共识:幸福很难定义。正如有人所言,"幸福是一张空白的画布,我们可以尽情将自己的憧憬投射在上面。所以试图制造出一个关于幸福的理论,就像堂吉诃德向风车发起挑战一样"[①]。

　　幸福难以定义源于幸福是人类创设的概念。幸福是一种人为建构出来的概念,是人们的一种主观认识,具有主观性、多样性、多元性、开放性等特征,也就是说幸福作为一个概念,首先具有意识活动的特质,是人们对社会存在的一种现实反映。人的认识千差万别,对幸福的理解和认识也会千差万别。意识具有主观能动性,反作用于实践,人们对幸福的思考和认识都是为了更好地行动。探究幸福的本源,挖掘它的内在含义,能让人产生更深层次的领悟,从而让人们追求幸福的愿望变得更强烈。

　　幸福难以定义还因为幸福概念的文化符号特质。根据理论生成传播规律,一种新的理论创设出来后,迫切需要通过一系列概念建构

---

① 海布伦.幸福[M].肖舒,译.南京:译林出版社,2020:10.

和诠释来实现普遍化,以将其推广到更广泛的领域,让人们知晓和认同。幸福作为一个概念,是能指和所指不断磨合的结果,具有文化符号的一般特质,"大部分概念都是语言上的,或者是以状态变量和测评值为标记的简要符号,其目的是将理论当中的、理论和测量过程当中的理论要素关联起来"①。幸福概念作为一种文化符号,其所指内容在对其能指所做的诠释过程中不断丰富。同样,我们对幸福理论的理解和认识,也需要借助于对幸福要素和运行机制的建构和诠释。人们对幸福概念和幸福要素的诠释形成了幸福思想和幸福观,树立正确的幸福观是人们追求幸福的开始。

幸福难以定义还因为幸福实践的时代性、历史性特征。幸福是一种理念,更是一种实践。我们要树立幸福共同体概念,就是说幸福是幸福理念和幸福实践的共同体,历史上人们对幸福的阐述都是对自身或人类在幸福理论指导下开展幸福实践活动的系统总结,是对幸福经验的理论阐释。不同时代,人类面临的生存环境、社会条件、历史使命不同,所以,了解幸福概念,必须了解幸福概念的变迁历史,不存在一成不变、放之四海而皆准的"幸福",每个时代的人们都需要在借鉴前人幸福经验的基础上去追寻属于自己时代的幸福。正如《幸福的历史》作者达林·麦马翁所言:"一般人对幸福的理解——包括寻求幸福的方式,以及对自己能否获得幸福的预期——在不同的文化之间、在不同的时代都是截然不同的。"②

(二)幸福认知的三个层次

幸福概念是基于过去和现在对幸福的研究创造出来的对于未来

---

① 伦克.诠释建构:诠释理论性评判[M].励洁舟,译.北京:商务印书馆,2021:168.
② 麦马翁.幸福的历史[M].施忠连,徐志跃,译.上海:上海三联书店,2011:7.

幸福状态的一种期盼,认真思考过去和现在关于幸福的研究,创造我们自己的幸福概念正是幸福研究的意义所在。丹尼尔·吉尔伯特曾说:"'幸福'这个词至少被用来指代三种相关的东西,大致可以被分别称为'情感愉悦''道德愉悦''判断愉悦'。"[1]他对幸福的概括基本上包括了人们论及幸福的关键要素:快乐论幸福、德性论幸福、实现论幸福等。纵观幸福概念史,对于幸福的认识可以概括为三个层次:一是宏观的幸福,体现的是一种理想的人生状态;二是中观的幸福,关注的是实施了有意义的行为;三是微观的幸福,体现了有意义行为基础上的积极心理体验。

幸福主体的变迁。对幸福的认知首先要解决谁享有幸福的问题,也就是幸福主体问题。从西方幸福史来看,幸福主体经历了一个从神坛走向世俗、由少数精英走向普罗大众的过程。从古希腊时期"幸福是一种命运",不掌握在自己手里,只有少数社会精英享有,到启蒙时期"幸福是每个人的权利",再到美国《独立宣言》提出,"我们认为下列真理乃是不证自明:人人生而平等,皆受造物主赋予不可剥夺的权利,包括生命、自由和追求幸福的权利"[2]。人们开始把追求幸福作为一种"不证自明"的真理。美国心理学家索尼娅·柳博米尔斯基认为,我们拥有 40% 的机会提升自己的幸福水平,而这 40% 的机会是获得幸福的最关键因素。她反复强调:"记住,要想获得幸福,一切都在于你自己——你的兴趣、价值观,还有你的选择。一旦找到了那个最适合你的行动方案,你就已经成功一半了。"[3]

幸福客体的变迁。从人类幸福的发展历史来看,幸福越来越成为人们的一种主动行为。最初幸福更多的是目标层的概念,是人们对于

---

① 吉尔伯特.哈佛幸福课[M].张岩,时宏,译.北京:中信出版社,2018:33.
② 麦马翁.幸福的历史[M].施忠连,徐志跃,译.上海:上海三联书店,2011:280.
③ 柳博米尔斯基.如何获得幸福[M].周芳芳,译.北京:中信出版社,2022:14.

整体人生的思考和认识,指向命运等不可控的因素;后来成为理念层的概念,成为指引大众思想意识觉醒,挣脱封建思想和神学思想桎梏,追求民主、自由的奋斗目标;再到现在,幸福开始成为更多地关注心理、行为层的概念,引导人们如何调适自己的心理和行为,赋予生命更多的意义感和使命感,从而获得更高层次、更加个性化的幸福感。

通过对幸福主体和幸福客体变迁的分析可知,与人类创设的其他"文明"概念的生成和传播路径一致,幸福概念的生成和传播也经历了从宏观到中观到微观的历史过程,从一个抽象、整体性的概念变得越来越具体化、明晰化。也就是说,当下的"幸福"越来越成为人类生活不可或缺的一部分,不仅是人们追求的生活目标,而且本身就是生活的一部分;人们不仅在追寻远大人生目标的过程中获得幸福感,而且在日常行为中也可以获得幸福感;人们通过调整自己的行为和思维,都可以获得一定程度的幸福。幸福不仅是人们对未来理想状态的一种期盼,也是人们日常生活和行为的重要组成部分。

1. 宏观的幸福:理想人生状态的幸福

幸福出现在人类历史中时,更多的是一种宏观叙事模式,也就是说指向的是人生终极目标。亚里士多德在《尼各马可伦理学》中提出,幸福具有终极善的性质:幸福被认为最具备这种性质,因为我们总是为了幸福本身而选择幸福,而永远不是为了别的什么东西。[①] 在亚里士多德看来,幸福是所有人的目的,是灵魂合乎德性的现实活动,至于其他善,在本性上是对其有用的工具和手段。他认为构成幸福的必须是完整的德性和完整的生活,他对幸福的认识更多是一种整体性和普遍性认识,这种幸福其实是人生的一种理想状态,也就是现在归结为"福祉"的概念,即美好的生活状态。

---

① 亚里士多德.尼各马可伦理学[M].王旭凤,陈晓旭,译.北京:中国社会科学出版社,2007:19.

有研究者提出,哲学发展史中主要有三种幸福观:一是建立在自然人性论基础上的趋乐避苦的人生幸福观,幸福就是他们意识中的现实感官幸福。二是建立在理性主义人性论基础上的理智幸福观,认为一个人要想获得真正的幸福,就必须首先克制自己的情欲享受,去追求精神的快乐。三是建立在社会人性论基础上的德性幸福观,认为人的本质在于其社会性,人生的价值及其幸福在于人们通过人生活动而满足社会和他人需要的积极作用。因为个人的人生价值和幸福只有在社会关系中才能存在和体现出来,所以个人的人生价值和幸福究其实质是个人和社会的相互关系问题。亚里士多德的幸福观类似于第三种,他强调德性的重要性,也就是说,幸福是一种外在因素,是一种生活状态。亚里士多德的学说影响深远,接受其观点或对其学说进行发展改造的人很多。

由此可见,幸福概念提出之初只不过是对自身理想状态和应然状态的一种描述,实际上是我们有意为之的成果,是建立在对过去经验的仔细检验之上的理性收获,需要我们采取一定的策略,从事自己真正感兴趣和认为有意义的事情。幸福和自由等概念一样,都是一种具有目标驱动性质的概念,人类创设了幸福,从此为人生设定了方向。应然幸福和实然幸福的达成度决定了人们的幸福指数。幸福其实就是人们创设了一个目标,然后用这个目标来丈量和测量实际生活状况,从而造就了所谓的价值和意义,也就是一种合目的性的行为。

2. 中观的幸福:有意义的行为的幸福

随着人类社会的发展,幸福除了继续被哲学、伦理学关注,也成了社会学关注的重点。对幸福的定义最终都指向人类行为。作为著名的幸福理论研究者,美国心理学家、积极心理学之父马丁·塞利格曼反对一元论,指出"亚里士多德认为,所有的人类活动都是为了获得幸福。尼采认为,所有的人类活动都是为了获得权力。弗洛伊德认为,所有的人类活动都是为了避免焦虑。这些伟人都犯了一元论的大错，即把人类所有动机都归结为一个元素"①。塞利格曼在对一元论进行批判的基础上，修正了自己的"真实的幸福"理论，对幸福进行了新定义，提出了"福祉"理论，即认为，积极心理学的主体是福祉，衡量福祉的黄金标准是人生丰盛蓬勃，积极心理学的目标是促进人生丰盛蓬勃。他将这一理论称为福祉理论，并将福祉的元素由三个（积极情绪、投入和意义）增加到了五个（积极情绪、投入、意义、成就和积极关系），对幸福的认识从"真实的幸福"发展到"持续的幸福"阶段。塞利格曼对幸福的认知都是基于有意义的行为的，也就是说幸福是行为的副产品。

曾获哈佛大学"最受欢迎的导师"称号的本-沙哈尔博士把幸福定义为"全人幸福"（whole person wellbeing），认为幸福就是全然为人。他提炼出可以间接让人们更幸福的五个核心要素：精神幸福（spiritual wellbeing）、身体幸福（physical wellbeing）、心智幸福（intellectual wellbeing）、关系幸福（relational wellbeing）、情绪幸福（emotional wellbeing）。这些要素都有助于获得全然为人的幸福，是使人变得越来越幸福的关键。这五个要素的英文单词首字母共同组成了"SPIRE"这个缩写，即本-沙哈尔所谓的 SPIRE 幸福模型。

人们对幸福的追求是不变的，变化的是人们对幸福的认识。说幸福是由神所赐和幸福掌握在自己手中，看似矛盾，其实是因为所指的幸福内涵不同，发生了变化，也就是说虽然都用了"幸福"这个概念，但是概念所指已经发生了改变，古希腊和中世纪的幸福是指超越人所掌控的东西，更多的是精神层面的一种信仰和追求。而中观层面的幸福成了人类世俗生活的一部分，更加具体化、个体化。当代对幸福的认

---

① 塞利格曼.持续的幸福[M].颜雅琴,译.北京:北京联合出版公司,2022:7.

知更多地把幸福与行为相结合，认为幸福是对行为、行动的一种积极反映和回应，也就是说幸福是我们自己创造的行为，"幸福的源泉在于你每日的行为、你的想法以及你制定的生活目标，没有行动就没有幸福"[①]。由此幸福成了人们发展的内生动力。

作为人生发展驱动力的幸福。幸福作为人类自主追求的行为，具有目标驱动和价值驱动的性质，是人生发展的重要驱动力。幸福驱动和人生驱动实为同源，都是要解决行为动机和驱动力的问题，也就是为什么采取行动和为什么追求幸福的问题。幸福作为人类的一种人生目标和价值追求，首先提供了一种行为倾向，不管人们有着怎样不同的幸福观，对幸福的追求是共性的，幸福问题实际上涉及人的活动价值和生活意义问题，与人的本质问题密不可分。历史上的幸福生成论、幸福实践论都是将幸福作为积极行为的目标，人们在幸福目标的指引下不断推动人类社会向前发展。同时，也把积极行为作为幸福的重要来源，人们在实施积极行为的过程中赢得了满足感和获得感，从而实现了价值和意义。

很多人对幸福定义采取了"操作化"策略，也就是不直接定义幸福，而是围绕对幸福构成要素的分析和探索来帮助人们认识幸福的概念。幸福的构成要素有很多，但是都指向人类行为，其中首要的就是已经实施、正在实施和将要实施的有意义的行为。有意义的行为是指包含了目的性、指向性、价值性的行为。说幸福是实施有意义的行为，就是指幸福首先是一种包含了目标驱动、意义驱动和价值驱动的行为倾向，这种目标驱动、意义驱动和价值驱动影响深远，既决定了幸福的指向问题，也决定了幸福的实现问题，能不能获得幸福以及获得幸福的程度如何，首先取决于认定了什么样的幸福观和为了谁的幸福，以

---

① 柳博米尔斯基.如何获得幸福[M].周芳芳,译.北京:中信出版社,2022:57.

及如何获得幸福和怎样感受幸福,这些问题都属于幸福驱动力问题。只有解决了幸福驱动力问题,才能保证幸福列车正常行驶,并且运行到幸福持续存在的地方。

作为实践和行动指南的幸福。幸福本身具有理念和行为的双重性质,决定了幸福具有理论先导的功能。马克思坚持劳动幸福论和实践幸福论的观点,他从辩证唯物主义角度提出了对幸福的认识,他在青年时期就写道:"在选择职业时,我们应该遵循的主要指针是人类的幸福和我们自身的完美。"[①]马克思从"人的本质不是单个人所固有的抽象物,在其现实性上,它是一切社会关系的总和"[②]这个根本性认识出发,认为人类的幸福和自身完善是密不可分的,追求幸福的过程就是自身不断完善的过程,并以历史唯物主义的观点分析了人的本质和人们的社会生活,从人的本质的异化以及扬弃异化、消除不幸的角度来谈论人的幸福,为人们正确理解与追求幸福指明了方向。马克思理解的幸福既是一种具有自成目的性、无限意义性、创造性和给予性的生活效果,又是人们生存和发展的终极目标,它是人们在社会生活中对自己本质的完全占有和展开。基于马克思的理解,幸福就是对自己本质的完全占有、展开和发挥,也就是通过社会实践将人的本质力量对象化,从而实现自身的社会价值和个体价值。也就是说,幸福是一种社会实践活动,是一种生成性社会行为。这里有两层含义:一方面,幸福本身是一种社会实践,幸福是社会活动的一种形式,是人类社会生活的重要组成部分;另一方面,幸福来源于社会实践,实践是幸福的来源,幸福不是一种空想,而是需要在具体实施中赢取和获得,停留在

---

① 中共中央马克思恩格斯列宁斯大林著作编译局.马克思恩格斯全集:第 40 卷[M].北京:人民出版社,1982:7.

② 中共中央马克思恩格斯列宁斯大林著作编译局.马克思恩格斯文集:第 1 卷[M].北京:人民出版社,2009:501.

理念层面的幻想型幸福只不过是白日梦,并不能带来真正的幸福,幸福需要幸福主体通过自己的不懈努力去创造。马克思主义者认同的劳动幸福论、实践幸福论、奋斗幸福论都是坚持人们在实践中创造幸福、获得幸福,也就是认可幸福生成理论,幸福不是天生的,而是人们的一种积极主动的行为,人们在改造自然和社会的伟大实践中创造价值、生产意义、获得幸福。

3. 微观的幸福:持续积极状态心理体验的幸福

幸福感是人们对幸福最直观的认识,有研究者将其界定为"评价者根据自定的标准对其生活质量的整体性评估。它是衡量个人生活质量的综合性心理指标,反映主体的社会功能和适应状态"[①]。美国心理学家索尼娅·柳博米尔斯基在《如何获得幸福》一书中对幸福的定义是:"在我看来,幸福是指一种快乐、满足、积极的体验,同时能够让人感受到生命的美好、意义和价值。"[②]将幸福作为一种心理状态的还有美国圣路易斯大学的丹尼尔·M.海布伦,他在《幸福》一书中提出,幸福不过是一种心态。他认为,幸福只不过是一个用来指代某种心理状态的词语,同时列举了三种关于幸福为何物的基本理论:一是情绪状态理论,幸福就是一种积极的情绪状态;二是享乐主义理论,幸福即快乐;三是生活满意度理论,幸福就是对人生感到满意。这些理论都是将幸福作为一种主观心理体验,是人的主观感受。

把幸福作为心理体验是从微观层面对幸福的一种理解,所对应的"幸福感"认为幸福源自内心,是一种主观幸福论。这种观点认为,幸福是一种精神状态,是一种观察、了解自己和我们生存的世界的看法。因此,如果想过得幸福,只需调整精神状态就可以了。主观幸福论与

---

① 丁心镜.幸福学概论[M].郑州:郑州大学出版社,2010:5.
② 柳博米尔斯基.如何获得幸福[M].周芳芳,译.北京:中信出版社,2022:22.

实践幸福论最大的区别在于，前者主张通过调整自己的心态来获得幸福，而后者主张通过实施积极行为来获得幸福。在一定程度上，调整心态并没有产生幸福增量，这种情况下更能够解决不幸的问题，也就是避免生活中的负面情绪的影响，并没有带来实质性的幸福增加。我们认为，最有效的做法是将实践论与主观论相结合，在实施了有意义的行为以后，自己能够切实感受到蕴含其中的幸福。

当然，幸福感对于人们的日常生活也非常重要，它是现行的测量各类幸福指数的重要指标。马特·基林斯沃思在《幸福研究的未来》中指出："最惊人的发现是，瞬间幸福感的变化大于不同人之间的幸福感差异。这表明，幸福的主要驱动力不是诸如我们住在哪里或者我们是否已婚这些稳定的生活条件，最重要的可能是那些日常琐事。"[①]这表明，我们工作中的幸福感可能更多地源于我们的瞬间体验——我们与同事的日常互动、我们参与的工作项目以及我们每天取得的成绩，而不是源于那些被认为可以提升幸福感的稳定条件，例如高薪或者显赫地位。也就是说，这种幸福观有助于引导生活中没有大起大落的普通人在日常琐事中发掘幸福。幸福感作为一种心理体验，一般包括以下方面。

积极体验对应的愉悦感。幸福首先是人们对生活满意程度的主观感受，是一种积极的心理体验。幸福感最显著的特征是"愉悦感"，愉悦首先是一种具体感受和精神状态，是快乐的源泉。伊壁鸠鲁、伊拉莫斯、莫尔、休谟、哈特莱和边沁都相信，生活的目标就是最大限度地体验快乐，而幸福就是享乐瞬间的总和，他们秉承的都是享乐论幸福。英国纽卡斯尔大学行为科学教授丹尼尔·内特尔在《幸福：追求比得到更快乐》中提出了幸福的三层范畴：第一层，情绪体验。幸福最

---

① 吉尔伯特，等.幸福感[M].史晓燕，译.北京：中信出版社，2020：32.

即时和直接的含义指的是一种有些类似快乐或愉悦的情绪或感觉。第二层,生活满意度。幸福关注对情绪平衡的判断,是情绪和对情绪的判断的结合体,与满足、生活满意类似,是指积极情绪和消极情绪在个体身上的长期平衡状态。第三层,美好生活。幸福指个人富足或者个体发挥出真正潜能的生活。不管是哪个层面的幸福,都少不了愉悦的感受和体验,甚至享乐论把快乐窄化为幸福的唯一追求,也曾经在历史上产生过较大影响。不管是幸福带来了愉悦感,还是愉悦感构成了幸福,愉悦感都是幸福不可或缺的主要元素。因为幸福都是从人的感受和体验开始的,都与人的主观感受有关。缺失了人的感受和体验的幸福,要么是虚无缥缈的空中楼阁,要么是"假大空"的乌托邦幻想,都不具有持续的生命力和吸引力。

积极状态带来的满足感和满意度。"心理学家最终决定以个体的主观判断为标准来界定幸福,即认为幸福就是评价者根据自己的标准对其生活质量进行的综合评价。"①幸福既是一种感受,也是一种基于一定标准的生活评价和判断,包括自我满意度和客观满意度,是对自我生活满意度和对生活环境满意度的总体评价。主观幸福感立足于个人的主观感受,是一种需求和欲望的满足,界定时需要尊重个体对自己生活的评价与体验。对于主观幸福感我们要有全面的认识:首先,对自己是否幸福的评价主要依赖于个体自设的标准,而不是他人或者外部世界的准则。其次,主观幸福感不仅指没有消极情感,还必须包含积极情感。一个人只有在体会到积极情感的基础上才能产生幸福感。最后,主观幸福感不仅是对某个生活领域的评价,还包括对生活的整体评价。这种幸福感是全面而深刻的,是对自己的整个生活质量感到满意。

---

① 王拉娣,等.幸福的持续[M].北京:清华大学出版社,2017:26.

　　海布伦对幸福满意度的理论做了系统梳理,他提出幸福有三个方面:协调、参与、认可。不同的人强调的是幸福的不同方面。海布伦还据此提出了幸福的五项来源(SOARS):安全感(Security)、生活态度(Outlook)、自主权(Autonomy)、人际关系(Relationships),以及需要技能且有意义的活动(Skilled and meaningful activity)。这些都是从满意度和满足感角度认识幸福。海布伦还着重介绍了现代心理学家米哈里·契克森米哈赖提出的心流概念在幸福表现中的运用。心流指的是当你全身心投入一项活动,尤其是一项很有挑战性的活动中时,反而表现出很好的状态。在心流状态中,你会失去一切自我意识,忘记时间的流逝,达到一种物我两忘的境界。这是一种令人非常快乐的状态,并且处于这种状态之中的人明显非常幸福。[①] 可以说,幸福心流是幸福满足感的极致形态,也为我们认识幸福提供了比较新颖的视角。

　　三个层面的幸福认知既体现了一种历时性特征,也就是说,人们对幸福的认识是逐步深入的,从宏观到中观再到微观,不断丰富幸福的概念;同时,也呈现出叠加共存的现象,三个层面的幸福认知既反映了幸福认知的深度,也反映了幸福认知的广度,提供了当下认知幸福的不同视角和维度。幸福从哲学走向应用,从一种纯粹的理论思辨到深入人们的日常行为,成为日常生活的一部分,这是幸福的发展历程,也是幸福研究的走向。幸福理论作为一种理论先导,对人们的思想和行为起到引领引导作用。不是幸福发生了变化,而是幸福研究和幸福关注点发生了变化,从哲学到心理学、管理学、经济学,幸福从整体走向个体,从宏观走向微观,这是幸福概念和幸福研究的一个总趋势。哲学、伦理学领域的幸福更多是一种认知和概念形塑,心理学、管理学、经济学领域的幸福则走向了应用和实用,是对人类行为的规范、约

---

① 海布伦.幸福[M].肖舒,译.南京:译林出版社,2020:25.

束和引导,更多地指向生活细节和具体行为。

二、幸福实践的基本理论

马克思曾说:"人们是自己的观念、思想等等的生产者。但这里所说的人们是现实的、从事活动的人们,他们受自己的生产力和与之相适应的交往的一定发展——直到交往的最遥远的形态——所制约。"[①]幸福既是一种理念,也是一种实践。幸福的不同定义,是从不同角度对幸福的认识,基于幸福是一个人类创设的概念,从更大范围来看,幸福是一种社会实践活动,是一种集认识、目标、行动、评判于一体的社会实践活动。也就是说,幸福是我们在一定理论引导下对预设理想状态的无限趋近,这种理想状态的典型特征是持续的积极心理体验和有价值意义的幸福感。

(一)幸福实践的相关理论

当人们把幸福看作一种实践时,关注点已经从幸福是什么转移到什么可以带来幸福、幸福源自哪里、怎样获得幸福等方面,也就是涉及幸福如何实现的问题。现有关于幸福实践的理论主要集中在以下方面。

认知决定理论。该理论认为,幸福和痛苦是由人的特质或者认知方式决定的,生活事件本身的好坏并不能决定人们是否感到幸福,是人们对生活事件的解释决定了人们的幸福感。幸福是人类思维的产物,它反映了对实然生活的认知与应然生活的观念之间的差异。关于应然生活的观念,被假定根植于集体信念当中,并且因文化的不同而

---

① 马克思,恩格斯.德意志意识形态(节选本)[M].中共中央马克思恩格斯列宁斯大林著作编译局,编译.北京:人民出版社,2018:16-17.

不同。这种观点在哲学界占主流。这一理论有两个假设：一是幸福是与标准的比较；二是幸福与集体信仰相关。

设定点理论。该理论认为，人们被设定要经历某种程度的幸福，而这在很大程度上与人们是否做得好无关。根据这个观点，幸福只是碰巧光顾我们。幸福受制于心理倾向，而这种心理倾向并不受个人控制。

增进幸福理论。该理论认为，幸福并不取决于客观生活条件，而是判断这些条件的标准。因此，这也意味着，幸福是没有多少价值的，因为幸福可以通过降低标准来获得。

目标理论。该理论认为，幸福感产生于需要的满足及目标的实现。马斯洛的需要层次理论认为，个体在特定的需要被满足之后，相应的主观幸福感就会得到提高，进而追求更高层次的幸福。

比较理论。该理论认为，幸福感是在比较中产生的。有两个变式：一是社会比较理论，也叫横向比较，一般以别人尤其是生活中的重要他人为标准；二是适应理论，也叫纵向比较，以自己过去的生活为标准。

特质理论。该理论认为，人们具有以积极的方式体验生活的性格倾向，即有快乐的素质。快乐的人总是以一种更为积极的方式看待他们所处的环境。

社会标签理论。该理论认为，社会会告诉个体，你应该幸福或者你应该痛苦，个体就会贴上快乐和痛苦的标签。

态度协调理论。该理论认为，人的态度包括认知成分、情感成分和行为成分。当一个人的三种认知成分相互协调时就会产生幸福感；相反，就会痛苦。

体内生化理论。该理论认为，人的任何生理现象都与体内的化学物质有关，幸福也不例外。人脑会分泌多巴胺，当多巴胺传递快感时，人们就会有幸福感。

在前人认识的基础上,我们认为,幸福实践是一种集幸福认知、幸福创造、幸福感知和幸福评价于一体的交互性实践活动,是人们在日常生活中实施了或正在实施有意义的行为的过程中所产生的持续积极的心理体验,以及由此所建构的理想的人生状态。

(二)幸福实践的主要特征

1. 幸福实践是主观幸福与客观幸福的有机统一

幸福作为实践活动,是主观幸福与客观幸福的统一。主观幸福是指幸福是人的幸福感,强调的是人感受幸福的能力。正如研究者所说:"幸福是一种体验、感受,一种对自己生存状况的悦纳,归根结底标识了一种价值关系,是客观的生存境遇是否满足主观自我需求的价值判断,具有鲜明的主观色彩,又具有不可否认的客观内容。它产生的途径是:生存状态—反思—幸福,其中反思的过程就是体验的过程。"[①]客观幸福则是幸福实现的客观条件,是幸福的手段和工具,幸福的客观性来自两个方面:一是幸福的外部条件,即人的生存状态以及造成这种生存状态基础的实践是客观的。客观幸福既包括人与自然的和谐共处,"绿水青山就是金山银山"的理念就体现了一种新型的生态文明观和幸福观,绿水青山作为人类的生存环境,本身就能带给我们幸福;还包括良好的社会生活环境和人际关系。二是幸福的检验标准是客观的。客观幸福指向的是美好生活,是人们对自身之外的环境因素的一种满意度,检验幸福的根本标准为是否有利于人的自由而全面的发展——这种普遍性和必然性的要求实质上就是某种生命活动历程中的客观性。

---

① 陈卫华.幸福哲学与人生困惑[M].南昌:江西人民出版社,2015:37.

2. 幸福实践是物质幸福与精神幸福的有机统一

幸福作为一种实践活动,有两个认识维度:物质维度和精神维度。物质维度更多地指向现实生活,指向行动和具体行为,体现了一种价值观指导下的行为倾向;精神维度则是指向人的精神生活,是为精神上的幸福建构一个合理的框架。物质幸福和精神幸福一般情况是对应的,获得物质幸福的人一般也会获得精神幸福;但又不是完全对等的关系,物质幸福更多地指向现实满足感,精神幸福则是一种文化层面的追求和实现。这种区分就可以很好地解释物质上富有的人如果没有文化,精神世界空虚,依然得不到幸福。

物质幸福和精神幸福的区分在大数据时代具有尤为重要的意义。大数据时代,人们获得了丰盈的数据信息,但是这些数据信息的满足与传统的物质财富的满足同属于一个层面,都是现实层面的,无非进入了一个虚拟世界,虚拟世界是对现实世界的模仿和重构,运行规则和重要元素与现实层面的规则和元素具有同构性。大数据带给我们的更多的还是一种物质幸福,如何在大数据时代挖掘精神幸福还是一个新课题。大数据作为一种新技术,应该也是可以带来精神幸福的,对于大数据带来精神幸福的维度和途径,需要新的建构和探索。物质幸福体现的是一种实然状态,精神幸福体现的是一种应然状态。人需要脚踏实地,匍匐在大地上生活,也需要仰望星空,去梦想、去想象、去构建自己的理想乐园和精神家园。精神生活与现实生活都是人类生活的重要组成部分,斩断了精神翅膀和想象翅膀,人类就会陷入过去经验构架的牢笼之中,而探索未知、过一种全新的生活又是人的天性。让一个人完全按照过去的人的模式去生活,哪怕给他金山银山,他也不会高兴和幸福。人类生活正是因为充满未知数才值得去探索和拥有,才有了人生的意义和乐趣。精神幸福对应的应然幸福是人类对于幸福的一种精神想象和文化建构。正是有了这种想象和建构,幸福的内涵才不断丰富,幸福也才有了不同的类型和样式。

　　3.幸福实践是充实幸福与美感幸福的有机统一

　　幸福既是一种感觉,又是一种期盼;既是一种行为,又是一种评判。基于对幸福的综合认识,我们认为幸福是人们基于一定人生观、价值观去实施的社会实践活动。幸福实践的目的就是让人生充实而有意义。从幸福的角度来说,关于人类本质最重要的两点或许是这样的:我们是社会性动物,也是创造性动物。做实事对人类幸福非常重要,"当人们过着活跃的生活时,他们是最幸福的。活跃的生活意味着他们正在做某样事情,而非简单地拥有或者被动地消费"[①]。活跃的人生和丰盛蓬勃的人生都是以充实为典型特征的,幸福实践其实也是一个让人生不断充实的过程,充实的生活才是幸福的。充实幸福既指物质的丰盈带来的充实感,也指做有意义的事情的忙碌状态带来的充实感。充实幸福论是实现幸福论与享乐幸福论的有机融合,既包含了实现论的满足感,也包含了享乐论的愉悦感。

　　充实幸福论同时蕴含了一种美感幸福论。"充实为美",充实不仅让人生在忙碌中获得意义,也带来了美的享受。充实把幸福和美连接在了一起,美感也是幸福的重要来源和组成部分。之前人们更多从哲学、心理学等角度来界定和评价幸福,关于美和幸福的关系论及不多。笔者认为,美感带来的幸福是更高层次的幸福,远远超越了物质满足、情感愉悦带来的幸福。当然,美感本身包含了愉悦的成分,但美不仅是一种感觉,具有感性的形象美,也是一种理性认知,具有理性的思想美和和谐美。比如说,浪漫主义和古典主义都是美的一种形式,也会相应地产生浪漫主义幸福感和古典主义幸福感。浪漫主义更多借助想象实现一种自由,其实自由带来的幸福感对应的就是浪漫主义幸福

---

① 海布伦.幸福[M].肖舒,译.南京:译林出版社,2020:80.

感。古典主义则崇尚崇高和简约的生活,宁静、内心调适带来的正是古典主义幸福感。所以,对幸福流派的分类,也可以从美学流派的角度分为浪漫主义幸福和古典主义幸福。

幸福和美都属于人类对美好生活的期盼,同时又都下沉到我们的日常生活中。所以,美学的日常生活转向必然影响到对幸福的追求。应该说对美的追求和对幸福的追求都是人类特殊性的重要标志,是不同角度、不同维度、不同层次的叙事建构和理念构想。找到幸福和美的相通之处,厘清二者的辩证关系对于我们更好地追求幸福生活具有重要指导意义。对美感幸福的追求可以开阔我们的幸福视野,因为心理学指向的幸福研究对我们的行为和生活非常有帮助,但是也在一定程度上形成了对幸福的理解窄化。幸福原本是抽象、普遍、多元的概念,不能仅仅与人类的心理行为和日常行为挂钩,还应该具有精神层面、思想层面、文化层面、美学层面的解读。所以从美学的角度来理解幸福,符合幸福的多样性特征,对于丰富人们的精神需求也有帮助。

在追求美好生活的新时代,对美的追求是人类幸福追求的重要组成部分,而且是更高层次的一种追求。幸福的美学转向,是对世俗幸福的一种超越,美学幸福是一种更高的追求,我们在积极倡导奋斗幸福观的同时也要倡导美学幸福观,二者并不矛盾,且是互相促进的,是对生活不同层面的理解。我们在倡导关注现实生活层面的奋斗幸福观,通过不懈努力来创造和建构现实生活中的幸福的同时,也要倡导通过对美的追求来建构和营造一种精神文化层面的幸福。

三、幸福实践的四大运行机制

城市社会学理论奠基人、被誉为"现代法国辩证法之父"的亨利·列斐伏尔,以解决 20 世纪 60 年代以来西方国家普遍面临的城市危机为理论旨趣和现实观照,开启了城市空间研究的范式转向,也即哲学方法论意义上的"空间转向",完成了对城市空间属性的分析,揭示了城市空间所蕴含的社会政治内容,对马克思主义城市理论做出了积极贡献。他的理论对于我们认识和研究幸福也有新的启发,即幸福研究也存在"空间转向"问题。

常有人说,"我被幸福包围着",可见幸福不仅是时间问题,也是空间问题。幸福的空间问题,就是探索共时性的幸福存在于哪里和如何运行的问题。幸福空间表现的是幸福广度,与幸福深度并存。幸福深度是时间概念、历史概念,幸福广度是空间概念、现实概念,这两个维度都是评判和衡量幸福的标尺。我们认为存在一个幸福空间,幸福空间是幸福体验的汇聚,幸福空间的大小体现了幸福体验的持续程度。

大数据时代,人们的生活空间可以分为生存空间(物质性)、想象空间(精神性)、体验空间(介于物质和精神之间)、虚拟空间(虚拟性),幸福也存在于生存空间、想象空间、体验空间、虚拟空间共同构筑的空间之中。幸福是一种融幸福认知、幸福创造、幸福感知和幸福评价于一体的交互性实践活动,幸福认知、幸福创造、幸福感知和幸福评价是其主要构成要素,幸福存在于由幸福认知、幸福创造、幸福感知和幸福评价共同构筑的空间之中,形成了幸福期待、幸福实现、幸福满足、幸福评判四位一体的幸福运行机制。

(一)幸福期待机制

幸福是一种基于一定需求满足的实践活动。幸福既具有物质特征,离不开人的需求和欲望的满足,又具有精神性特征,是对需求满足的一种心理表征。幸福是物质性与精神性的统一体,是人的本质力量外化乃至实现的理想状态,是人们通过自己的努力实现了自身的需求,或者创造了新的价值,实现自身的增值和发展。幸福实际上是人们对自身活动结果的确认,对自身活动赋予价值和意义的过程,从而实现人的主观能动性,体现了人与其他动物的区别。人类活动是有意识、有目的的主观能动性活动,是手段和目的的统一,是认识性和价值性活动的统一。人能够在对于自身活动的认识和赋值中把握和支配自己,从而使得人类活动成为一种有意识、有目的的自愿追求过程。人虽然受客观条件的制约,但可以在一定范围内设计自己的人生,从而体现人类所特有的创造性特征。人可以决定让自己成为一个什么样的人,可以设计和规划自己的人生道路,而这一切的实现最终都归结为幸福。幸福实质上是人的一种自我设计、自我定制的行为,是人们预先规定了期待和希望,通过一定时间和过程,实现了期待,从而得到了满足,形成了获得感,进而转化成幸福。所以幸福其实是一个人为设计的过程,是人们为了追求和实现人生价值和人生意义而对生命过程进行设计和规划,是人的主观能动性的体现和实现,是人作为认知性动物和精神性动物所特有的一种能力和行为倾向。

当然,幸福有其客观性的一面。幸福期待和幸福实现都受历史条件和时代环境的制约,人的需求以及对需求的满足都受制于社会发展程度和历史环境,尤其是人们所处的历史环境不同,幸福期待也会不同。生活在战争年代的人们渴望和平,和平就是他们最大的幸福期待;生活在物资匮乏年代的人们渴望物质的满足和生存条件的保障,物质富足就是他们最大的幸福期待;而生活在物资丰盈年代的人们则追求精神和文化上的满足,精神和文化需求的满足就是他们最大的幸福期待。不同时代的人们的幸福期待没有可比性,幸福期待是不断变化和发展的,前人的幸福期待在今天早已成为现实,所以人们又会设计出新的幸福期待,幸福期待的不断变化和更新正是人类社会不断前行的原始驱动力。

幸福期待构成了人们幸福与否的首要因素。首先,要有一定的幸福认知和明确的幸福期待,只有这样才能筑牢幸福的根基。其次,要实现个人期待与社会期待的同质同向,也就是要认同社会主流意识形态认可的幸福期待,实现个体与社会的和谐统一。最后,个人幸福期待要适度,有合理的区间,既要有一定的挑战性,又要能够经过一定的努力可以实现。

幸福期待缺失是人们不幸福的主要原因之一。幸福期待缺失的第一个原因是人们幸福知识的匮乏和对幸福的错误认知。要想获得幸福,就要种下幸福的种子,知道和了解幸福是什么,如何获得和实现幸福。幸福不是与生俱来的,而是人们创造出来的概念,是人们对自己生活状态的一种评判和一种规范。有了幸福期待的引导,原来无序和无方向的生活就会变得有序和有目标、有方向,这也是幸福学对人类社会发展的最大贡献。幸福期待缺失的第二个原因是个人幸福期待与社会幸福期待发生冲突或相割裂,如果个人的幸福期待与社会主流认可的幸福期待方向相反,则容易形成社会异化,个体很难融入社会,个体生活在分裂和焦虑中,幸福则无从谈起。幸福期待缺失的第三个原因是幸福期待不合适。幸福期待要求太低,则太容易实现,难以维系幸福的持久感;幸福期待要求太高,实现不了,则难以体会到幸福带来的获得感。

(二)幸福实现机制

幸福实现是幸福活动的主要环节,是幸福的实现路径。有学者指出,"幸福的实现规律是幸福实现的过程中所显示的幸福诸要素之间的必然联系,是实现幸福所遵循的法则。幸福实现与欲望、才华、能力、机遇、道德等密切相关"[①]。我们坚持结果论幸福和过程论幸福的统一,也就是说幸福既是一种具体结果,也是一个持续过程,幸福既体

---

① 丁心镜.幸福学概论[M].郑州:郑州大学出版社,2010:140.

现为瞬间的愉悦和满足,也蕴藏在幸福实现的过程中。幸福实现既需要一定的客观现实条件,也需要具有规划性的具体行为,一般包括三个方面:幸福实现条件、幸福实现规划、幸福实现行为。

所谓幸福实现条件,是指人们获得幸福的重要条件,既包括客观的外部条件,也包括主观的内在条件。幸福源自人们对满足自身需要的客观条件的认可程度以及由此产生的美好心理体验。也就是说只有具备了一定的诸如良好的社会发展环境、自然生活环境、人际关系等幸福外在因素和诸如良好的心态、积极健康的心理、良好的感知能力等幸福内在因素,人们才能够最终获得幸福。

所谓幸福实现规划,是指幸福的实现是一种有目的的计划性行为,我们要对提升自己的幸福进行规划,坚持过程幸福和结果幸福的统一。过程幸福是指人们在追求幸福过程中所体验到的幸福和快乐,结果幸福是指经过一定过程所达成的目标所带来的幸福和快乐,幸福是过程幸福和结果幸福的有机统一体。拉杰·洛格纳汗在《幸福的科学》中提出:"我们可以采取以下两个步骤来提高自己的日常幸福体验:第一,定义幸福;第二,列出自己的幸福清单。"[①]幸福清单就是幸福实现规划的一种有效方式,是为了弄清楚哪些事情适用于你自己定义的幸福,能够让你感到幸福。追求幸福不能随遇而安,而是要我们主动去设计和规划,根据自身条件规划和设计不同阶段的幸福任务和目标,制订好相应的实施计划,从而分阶段实现幸福目标。《幸福哲学书》的作者格雷琴·鲁宾制订了12条幸福提升计划来将自己的幸福想法付诸实践,她的丈夫对妻子为什么启动幸福计划的解释是为了重新获得自己人生的主动权。由此可见,幸福实现规划就是要掌握人生的主动权,当你去主动谋划幸福的时候,你就在掌握自己人生的主动

---

① 洛格纳汗.幸福的科学:如何获得持久幸福力[M].蔡山美,译.北京:中信出版社,2018:42.

权。幸福是人生的终极目标,这个目标可以指引人们走出不一样的人生,尽管最终实现的可能未必是原先设定好的目标,但是有了目标,人生就有了方向和动力,也更能够激发人生的创造力和创新力。其实,幸福实现规划的价值和意义就是让人重掌主动权,"我的人生我做主"。正如格雷琴·鲁宾所言:"确定和遵守我的计划让我能更好地控制自己的时间、自己的身体、自己的行为、自己周围的环境,甚至自己的思想。重新掌控自己的人生的确是我的幸福计划的一个目的,自主性的加强也是幸福感提升的主要源泉。"[①]

所谓幸福实现行为,是指能够带来幸福感的具体行为,是幸福实现的途径。有些人认为通过财富的积累和私有财产的积聚可以实现幸福,有些人提出通过控制欲望、调整心态、修身养性、修德等方式可以实现幸福。美国一项研究结果显示,研究者跟踪调查 1.2 万名大一学生长达 19 年(从 1976 年学生 18 岁开始,到 1995 年他们 37 岁结束)。调查结果显示,"20 年后,那些以赚钱为主要目标的人对自己的生活普遍不太满意"[②]。马克思主义认为,劳动是幸福之源,劳动是人存在意义的手段和方式,只有在能够创造价值的劳动中才能实现幸福。

(三)幸福满足机制

幸福满足是幸福的最终体现形式,是幸福现象的外在表现。幸福满足主要是精神和心理层面的,包括幸福体验、幸福感和幸福持续三个方面。

幸福体验是幸福实现的瞬间心理反应,能够产生巨大的心理能

---

① 鲁宾.幸福哲学书[M].师端阳,译.北京,中信出版社,2018:303.
② 洛格纳汗.幸福的科学:如何获得持久幸福力[M].蔡山美,译.北京:中信出版社,2018:63.

量。幸福体验可以转化为幸福感,幸福体验主要是瞬间的单个的行为,幸福体验不断累积则形成了幸福感。

幸福体验与幸福感的区别在于,幸福体验具有瞬间性、新鲜性、唯一性、易逝性,幸福感则具有共同性、共时性、深沉性和持续性。幸福体验历久弥新,让人终生难忘,而幸福感则将幸福的共性因子收集和汇集起来,形成了对于幸福的共性认识,以便转化成新的幸福期待。

幸福持续是幸福感的积累。幸福的持续是难以为继的,如果幸福持续存在则不再称其为幸福,而必须寻找和建立新的幸福期待。幸福持续是人们的一种理想状态。幸福持续的想象性存在让人们具有了追求幸福的不竭动力,但幸福持续是在现实中永远都无法实现的一种状态。

(四)幸福评判机制

幸福是可以测量的,测量的是具体幸福。对幸福也需要适时进行评价,以实现持续的幸福,对幸福的测量和评价就是对幸福达成度的分析和评判。人们往往在评判中反思,以便更好地对自己的幸福观和幸福能力进行评估,同时也会在评估中体验阶段性的幸福。幸福评价是对幸福获得的反馈和修正,也就是对幸福满足与幸福期待达成度的评判。幸福满足更多的是一种感性幸福,幸福评判则是一种理性认识,是对自己幸福达成度的评价。幸福评价主要是对幸福感(愉悦)和幸福能力(幸福感知和幸福创造)的评估,既包括工具评价,也包括价值评价。幸福评价解决的是幸福不幸福的问题,幸福测量解决的是有多少幸福的问题。幸福测量和幸福评价是幸福教育的重要内容,就是要教会人们正确认识自己拥有的幸福和正确评价自己拥有的幸福。

幸福测量与评价存在标准和尺度的问题。幸福评价包括自我评价、第三方评价、比较评价(与过去的纵向比较、与他人的横向比较)等。

四、幸福实践的四种能力

作家周国平曾说:"内心世界的丰富、敏感和活跃与否决定了一个人感受幸福能力的高度。在此意义上,幸福是一种能力。"[①]幸福不仅是一种思想和价值,对应的是幸福观;而且是一种技能和能力,对应的是幸福实践。幸福是人们在正确价值观引领下追寻有价值、有意义的行为的过程中产生了积极的情绪和体验,感受到了愉悦和快乐。所以探寻幸福的一个维度是观念层面,另一个维度是能力层面。

证明幸福是一种能力的最好例证是人们耳熟能详的哈佛幸福课的故事。在哈佛大学,本-沙哈尔主讲的积极心理学被学生誉为"幸福课",打破了王牌课程"经济学导论"垄断"最受欢迎课程"的历史。本-沙哈尔在 2002 年开设了这门课程,当时只有 8 名学生,中途还有 2 人退课。可是到了第二学期选课时,有 400 名学生选修;到了第三次选课时,有 850 名学生选修。在年终课程评估上,有 23% 的学生认为这门课程将改变他们的一生。这门课程也因此成为哈佛大学历史上选修人数最多的课程,更是吸引了越来越多的关注和报道。本-沙哈尔在课堂上讲授的幸福理念,恰恰是在积极心理学的基础上,吸收幸福哲学的合理内核进行阐释的。通过听一堂幸福课可以改变人们的一生,让他们变得更幸福,这说明幸福也是一种可以习得的能力。正如研究者所说,人是否能够获得幸福在很大程度上取决于他是否能够敏锐地感知幸福。从这个意义上说,幸福是一种能力。幸福教育的最终目的是让人更好地生存和发展,在回归人性潜能的过程中实现幸福。

---

① 周国平.幸福是一种能力[M].长沙:湖南文艺出版社,2020:64.

从这个角度来讲,幸福能力在幸福教育中具有举足轻重的作用。幸福能力主要表现为发现幸福、体验幸福和创造幸福的能力。[①] 幸福作为一种能力是可以培养的,人们可以通过学习新方法、建立新习惯来获得幸福。一个幸福的人,必须有一个明确的、可以带来快乐和意义的目标,然后努力去追求。真正快乐的人,会在自己觉得有意义的生活方式里享受生活的点点滴滴。

幸福是一种能力,能力具有可执行性,要想获得持续幸福就必须具有很强的幸福执行力。幸福执行力是指一种通过个人努力获得持续幸福的能力,幸福是主观付诸客观的社会实践行动,需要具体的实践和执行,生活中只有具备很强幸福执行力的人才能够获得更多幸福。综合前人研究成果,我们认为,幸福执行力有四种,即幸福认知力、幸福感知力、幸福创造力、幸福评判力。四种能力分别对应的是幸福观、幸福感、幸福实践和幸福评判。

(一)幸福认知力

幸福认知力是指对幸福的认识能力,对应的是幸福目标、幸福期待等幸福观层面的问题,也就是说通过幸福认知,首先要把幸福的种子植入人们的大脑,让人们知道有"幸福是人的终极追求"之类的事情。所以幸福作为一种思想和理念,也具有意识形态性质,也就是说幸福教育实际上是意识形态教育的重要组成部分。幸福不是自然之物,而是人类创设和建构的概念。幸福成为人生目标、价值、意义的一个维度,也就是说人之所以成为人,是因为有思想,所谓的思想无非目标性、价值性,也就是合目的性与合规律性的统一。幸福概念的创设符合人的主观能动性特征。自人们创造"幸福"这一概念以来,追求幸

---

① 王拉娣,等.幸福的持续[M].北京:清华大学出版社,2017:11.

福就成了人生永恒的话题。所谓的至善和终极目标,无非说明了这种理念具有普遍性和抽象性的特征,也就是具有"观念性"。我们清楚了幸福所具有的观念性特征之后,就知道了幸福认知和幸福教育的重要性,任何观念性的事物都是可以后天习得的。

幸福其实是人类发明创造的可以归结到"人类文明"范畴的一系列概念中的一个,它们都是人们谋划的关于自然、社会、人际关系的理想状态。创造幸福概念的最大功效是引发了人类对于幸福的探索和追问,从而也使得幸福概念不断丰富和发展,人类从此有了一个可以作为目标来追求的"幸福"方向。人类在追求幸福的过程中丰富了幸福的内涵,融入了自己的思想,也在关于幸福的思考中收获了幸福。因为有了幸福这一引子,人类不断丰富自己的思想和想象,同时给予自己的行为以方向引导,从而更好地实现合目的性(追求幸福)与合规律性(创造幸福)的有机结合。也就是说,人类在探索和追求幸福的过程中体现了自身的存在价值,而这种价值的获得正是幸福追求的本意。

追求幸福始于对幸福的认知,幸福认知最终凝聚为幸福观——人们对幸福的根本看法和态度。幸福在不同时间维度上影响着人们的生活,其中幸福观的功效主要指向未来,也就是基于过去的经验积累形成的一种对幸福的认知,指向未来如何追寻幸福,是对什么是幸福、幸福来源于哪里、未来怎样实现幸福、怎样评判幸福的认识。虽然对于幸福的认识有千万种,不同时代、不同国家、不同年龄的人都有各自对于幸福的认识,人类很难在幸福观方面完全达成共识,但对幸福这一美好状态的追求是大家都认可的,大家都在追求幸福。正因为幸福是一种公认的对未来美好生活的追求,所以幸福认知力非常重要,它是对生活的一种思考和对未来的一种规划。

(二)幸福感知力

幸福感知力是人们感受幸福的能力。幸福不是客观存在的某种事物,而是人们对客观存在之物以及人与人之间关系带来的行为后果的感受和评价。所以,要想获得更多的幸福,在幸福客观条件不变的情况下,需要更好地感知幸福。人们渴望幸福,一定程度上是渴望获得更多的幸福感,正如《幸福的科学》作者蒂姆·博诺所言:"大学生渴望快乐。幸福感,就如同圣杯一般,已成为当代青年的最高追求。现代人对幸福的执念,就像中世纪的人对财富和永生的追求一般。"①

幸福是一种内心体验,是心灵对生命意义的强烈感受,面对幸福,有些人可能会感受不到,一切美好的经历必须转化为内心的体验才能称为幸福。内心体验的敏感和丰富与否的确是重要的,它决定了一个人感受幸福能力的高低。所以幸福感知力其实是一种识别幸福的能力,是人们从日常行为中筛选甄别出带来幸福的事物并切实从中感受到幸福的能力。幸福感知力不是与生俱来的,而是需要在生活中进行培养,既需要具有敏感的内心,也需要一种理性的思维,那就是对幸福知识的储备和对历史上的幸福共识的学习。

(三)幸福创造力

幸福创造力是人们创造幸福的能力,它是幸福实践的最关键能力。马克思主义认为,劳动是人的本质,在劳动实践中人们创造了物质财富,也释放了人的本质力量,实现了人的价值,创造性的劳动既是人们获得物质幸福的必由之路,也是人们获得精神幸福的必要条件,是人们获得幸福的源泉。"人获得幸福、体验幸福、扩展幸福的能力,

---

① 博诺.幸福的科学[M].徐天凤,译.北京:中信出版社,2020:2.

从本质上来说,都是人的自我创造性能力,是人的创造性在情绪情感、外在活动、思想观念等方面的反映,只有在创造性活动中,人们才可以获得幸福。"[1]生产性是幸福能力最根本的特点,幸福实践是一个让幸福从无到有的生产性、创造性过程,幸福能力是在创造性活动中改变人自身的能力,它的生产性特点就集中于生命活动方式乃至生活方式的不断更新。人们在生活和生产中创造了幸福,也就是说人们在释放自身本质力量的过程中形成了劳动成果,而劳动成果带来了生理和精神上的满足感和愉悦感,这就是所谓的幸福。幸福创造力是指人们创造生产的能力,更是指人们从创造生产过程中发掘幸福和体验幸福的能力,是物质生产所带来的精神生产能力。

(四)幸福评价力

幸福评价力是人们正确认识幸福和评价幸福的能力,有两个维度:一个维度是指向自身的幸福评价,是指人们正确认识自己拥有的幸福和正确评价自己拥有的幸福的能力;另一个维度是指向外部的,也就是以他者身份对他人或者整个社会幸福的认识和评价。

从 20 世纪 50 年代中后期开始,研究者们开始运用实证方法研究幸福,从而将对幸福这个重要人生话题从哲学层面的探索扩展到科学层面。不同取向的幸福感研究者共同推动了幸福感测量研究的发展,诞生了一批被证实具有良好测量学特性且广为运用的幸福感量表,分别形成了情绪幸福感、生活满意度、主观幸福感、心理幸福感与社会幸福感等理论模型与测量体系。当下,人们对于外部幸福的测量与评价技术和能力都已经达到了较高水平,对于内部幸福的评价则因为主体差异性,尚存在一些薄弱环节。

---

[1]　肖冬梅.幸福能力论[M].广州:中山大学出版社,2015:76-77.

五、幸福教育是幸福能力提升的重要路径

幸福是人类持续关注的话题。不同时代,人们对于幸福的追求有发生变化的东西,也有持续不变的东西。不变的是它的框架和构成机制,幸福是人类关于理想状态的伟大构想。不同时代的人对于理想状态的期待和认识是不一样的,但是在幸福认识上也达成了一些共识,幸福化成了理念、信念和理想,成为人们向上的一种内驱动力。这是所有时代幸福的共同之处,幸福成为凝聚社会共识的力量。有变化的是,不同时代的幸福关注点不一样,从而形成了关于幸福的不同认识。

对幸福的探索其实就是对人生意义的探索。几千年来,人们一直在追问和探索幸福,其实是在探索人为了什么活着的问题。人为了幸福活着,那什么是幸福呢? 幸福源自哪里呢? 这些问题是关注和研究幸福的真正意义和快乐所在。也许人们永远难以达成对幸福的共识,但是在探索中人们深化了对生命意义的认识,这也是幸福研究的最根本意义。

幸福教育可以增强人们的幸福能力。教育家乌申斯基曾说:"教育的主要目的在于使学生获得幸福,不能为任何不相干的利益牺牲这种幸福,这一点当然是毋庸置疑的。"①

(一)幸福教育的社会功能和价值

幸福教育的目标不仅仅是形成对幸福的独特认知,更重要的一点是把主流意识形态认可的幸福理念,也就是社会公认的幸福观传递给受教育者,从而达成一种社会共识。所以,幸福教育也是思想政治教育的重要组成部分,其目的是人的价值观的塑造和引领,通过幸福教

———————————

① 王拉娣,等.幸福的持续[M].北京:清华大学出版社,2017:13.

育让人们树立正确的幸福观和价值观,从而起到形塑人的思想和精神状态的作用。还有很重要的一点,幸福教育在达成社会共识、增强社会凝聚力方面起着重要作用。每个人都有自己的幸福观,都有自己对幸福的理解,但是只有个人幸福与社会幸福和集体幸福融为一体,才能对社会发展奉献正能量,也才能最终促进个体幸福的达成。没有社会的进步和发展,没有和平稳定的社会环境等外部客观因素的支持,个体幸福最终不过是白日梦。幸福教育把大家对幸福的认识统一到一个方向,起到了一种同一性的作用。这也是幸福教育的最根本目的。幸福教育表面看是教会大家如何追求幸福和实现幸福,落脚点却是如何促进社会的进步和发展,这也是幸福教育的社会功能。

(二)幸福教育的个体功能和价值

对于幸福教育的内涵,既要从教育的一般属性去认识,也就是幸福教育是教育的一种,是对人进行思想引导和技能传授,也就是说幸福教育同时具有社会功能和工具功能;也要从幸福教育的独特性来认识,幸福教育不是一般的教育,一般的教育更侧重知识传播或技能提升,幸福教育则是涉及人生观价值观的一种教育,也就是说幸福教育影响到人的一生的追求和目标。幸福教育说到底是对人的发展内生动力的形塑,也就是说幸福教育所着力的是对于人的一切行为起发动机作用的教育。它赋予人的行为以价值和意义,因为幸福作为人的终极目标,是个体和人类永恒的追求。形成什么样的幸福观,认可什么样的幸福理念,对人的成长和发展至关重要。内生动力可以推动形成积极的人生状态,通过幸福教育引导人们树立奋斗、努力、利他等理念,人生就有了主动前行的动力和方向;而内生动力的缺失是导致人走向碌碌无为甚至引发抑郁等心理疾病的根源。所以,幸福"动力论"展现了幸福对于个体的最大功能,幸福是人走向积极人生的内生动力,是人走向美好生活的价值牵引。

(三)幸福教育的着重点

人们至少要学习三个方面的知识:自然知识、社会知识和关于自我的知识,幸福教育讲授的就是关于自我的知识,是关于人的潜在能力、内在积极性和发展可能性的教育,而这正是现实教育中所缺乏的。现实中,有些人找不到幸福在哪里,"幸福教育就是要改变这种现状,以丰富人的精神生命为核心,充分发挥每个人学习的主体作用,让不同形式和阶段的教育真正触及人们的心灵,成为自己精神世界的主人,以求得精神生命的升华与超越","教育不仅是'知识加速器',更是'人格、快乐、幸福加速器',这才是教育的终极目的"。[①]

维克托·迈尔-舍恩伯格和肯尼思·库克耶在《与大数据同行:学习和教育的未来》一书中指出:"有了大数据,教育的性质将从根本上发生改变,这个社会将最终学会如何去学习。大数据给予了我们更全面、更精细的视角,来看待世界的复杂性和我们身处其中的位置。"[②]同时其指出了大数据改善学习的三大核心要素:反馈、个性化和概率预测。在大数据时代,幸福不仅是可以教育的,也是可以学习的。幸福教育侧重的是他者教育,幸福学习则是自我学习。有关幸福的研究表明,人们的幸福感主要取决于三个因素:基因、与幸福有关的环境因素以及能够帮助我们获得幸福的积极行动。因为前两个因素更多是客观因素,我们很难改变,幸福主要靠我们付诸积极的行动去获得,通过有效的学习可以改善我们的积极行动,所以越来越多的人意识到幸福是一种可以通过学习获得的能力。

---

① 王拉娣,等.幸福的持续[M].北京:清华大学出版社,2017:13.
② 迈尔-舍恩伯格,库克耶.与大数据同行:学习和教育的未来[M].赵中建,张燕南,译.上海:华东师范大学出版社,2014:97.

关于幸福是一种可以通过学习获得的能力的观点只是说对了一半,幸福既是一种能力,也是一种理想状态的生活,作为形容词的幸福是指向未来的幸福。幸福是人们美好生活建构的基础,是设计图,幸福是人们对于未来的一种设想,这种设想是基于现有经验积累的对于未来的一种思想创设,是对未来理想状态的一种想象。所以幸福又可以起到一种目标驱动的作用,与价值驱动同时起作用,价值驱动借助的是道德感,也就是意义和价值,是一种基于过去经验的约束和规制,而目标驱动却是借助想象,是基于人的自由思想和创新思想的一种从无到有的创设。所以,幸福带来的不仅仅是实在的幸福感,还有想象的自由感以及自己规划和设计人生的自主感。幸福所带来的正是在道德感、自由感相互制约下的一种精神状态,由此想象的幸福和实在的幸福是相互交织、相互制约的,都是幸福的构成部分。现实束缚了想象的翅膀,但是现实让想象的人生和大地发生了关系,使得幸福建立在实在的基础之上,想象虽然有天马行空的成分,但是想象让幸福具有了更大的空间,超越了狭小的人类中心和自我中心,使人们可以从更大的范围来考虑幸福。幸福的想象维度和幸福的现实维度缺一不可,幸福是想象和现实共同作用的产物。想象可以让幸福感无限放大,让人感受到无尽的愉悦;而幸福感给想象划定了轨道,使其可以被体验和把握。

第二章
大数据时代的幸福冲击

　　大数据既是一种新的技术，又是一种新的思维范式，是技术革命与思维革命的综合体。作为新技术的大数据提供的是一种工具价值，而作为思维方式的大数据则提供了一种理性价值，不仅对人的生活方式、生活观念产生影响，也对幸福造成冲击。大数据带来的幸福冲击主要体现在幸福阈值的提升、幸福指向的变化和幸福要素的更新等方面。当下，我们已经深度进入大数据时代，从 20 世纪中叶计算机问世到 21 世纪初互联网迅速发展，再到当下 ChatGPT 引发全球关注，70 余年的现代科技革命给人类社会带来了巨大冲击。

一、大数据时代的概念及主要特征

(一)何为大数据

　　"大数据"概念最早出现在未来学家阿尔文·托夫勒 1980 年出版的《第三次浪潮》一书中。托夫勒将"大数据"誉为继计算机、互联网之后的"第三次浪潮的华彩乐章"。大数据作为特定的专有名词开始普及是 20 世纪 90 年代以来的事，美国硅图公司(SGI)的首席科学家约翰·马西在 USENIX 大会的报告中指出，随着数据量的快速增长，必将出现数据难理解、难获取、难处理和难组织等四个难题，并用"Big Data"(大数据)来描述这一挑战。麦肯锡全球研究所将其定义为：一种规模大到超出了传统数据库软件工具能力范围的数据集合。全球最大的数据中心 IDC 从技术角度将其定义为：通过高速获取数据并对其进行分析和挖掘，从海量的数据源中更有效地抽取出富含价值的信息。维克托·迈尔-舍恩伯格和肯尼思·库克耶认为："大数据是指不用随机分析法这样的捷径，而采用所有数据的方法。"[①]美国高德纳公司(Gartner Group)认为，大数据是需要新处理模式才能具有更强的洞察发现力、流程优化能力和决策力来适应海量、高增长率和多样化的信息资产。牛津通识读本《大数据》的作者道恩·E.霍尔姆斯对大数据的定义是，"'大数据'现在不仅用于代指以电子方式生成和存储的数据总体，还用于指数据量大和复杂度高的特定数据集"[②]。从 2009 年开始，虽然大数据得到很快的发展，但是对于大数据的定义目前还处在一个探索研究的阶段，还没有一个公认的、系统的、完整的定义。学者们从不同领域、不同研究角度对大数据进行释义，可归纳为：大数据是以互联网技术为支撑的数量庞大的数据集合，使用前沿的数据分析处理技术，能够从海量的复杂的信息中提取有价值的信息。

(二)大数据时代的到来

进入 21 世纪，科学技术日新月异，2009 年开始，"大数据"成为互

---

① 迈尔-舍恩伯格，库克耶.大数据时代[M].盛杨燕，周涛，译.杭州：浙江人民出版社，2013：39.
② 霍尔姆斯.大数据[M].李德俊，洪燕青，译.南京：译林出版社，2020：7.

联网技术行业的流行词,互联网上的数据量每两年翻一番,大数据开始被广泛应用在商业、医疗、农业、教育等领域。大数据真正引发全球性关注,则是在 2011 年全球知名咨询公司麦肯锡在《大数据:创新、竞争和生产力的下一个前沿》报告中提出"大数据时代已经到来"之后。2012 年 3 月,美国联邦政府发布了全球范围内第一个国家层面的大数据战略计划——"大数据研究和发展倡议",日本、英国等发达国家也先后对大数据的相关应用提出了自己的战略计划。

2014 年,我国首次将大数据写入中央政府工作报告,这一年也被媒体誉为"中国大数据政策元年"。2015 年 8 月 31 日,《国务院关于印发促进大数据发展行动纲要的通知》发布,进一步从国家意志层面,为中国的大数据战略规划部署持续的发展路径。2015 年 10 月 26 日,党的十八届五中全会首次提出"国家大数据战略",标志着大数据战略正式上升为国家战略。之后,我国加快大数据产业发展,把大数据产业作为以数据生成、采集、存储、加工、分析、服务为主的战略性新兴产业,是激活数据要素潜能的关键支撑,是加快经济社会发展质量变革、效率变革、动力变革的重要引擎。据 2023 中国国际大数据产业博览会新闻发布会的信息,2022 年中国大数据产业规模达 1.57 万亿元,同比增长 18％,成为推动数字经济发展的重要力量。

2023 年 2 月,中共中央、国务院印发了《数字中国建设整体布局规划》,将数字中国建设提升到国家战略布局地位,提出"建设数字中国是数字时代推进中国式现代化的重要引擎,是构筑国家竞争新优势的有力支撑。加快数字中国建设,对全面建设社会主义现代化国家、全面推进中华民族伟大复兴具有重要意义和深远影响"。以数字化驱动生产生活和治理方式变革,为以中国式现代化全面推进中华民族伟大复兴注入强大动力。规划明确了建设目标:到 2025 年,基本形成横向打通、纵向贯通、协调有力的一体化推进格局,数字中国建设取得重要进展;到 2035 年,数字化发展水平进入世界前列,数字中国建设取得重大成就。

无论人们是否接受或者是否喜欢,现实是大数据已经融入生活的方方面面,以大数据为核心要素的信息化第三次浪潮已经到来。信息化第一次浪潮以数字化为特点,以计算机的发明为前提,个体计算机广泛普及并应用于办公领域,为如今大数据的发展奠定了物质基础,提供了数据来源。以互联网为主要特征的信息化第二次浪潮,以计算机为载体,人们通过互联网打破了空间的限制,加快了信息的流通与交互;互联网进入了大规模的商用时代,这加快了数字信息的流通与汇集,为当前大数据的发展搭建了网络平台。信息化第三次浪潮来袭,目前仍处于初始发展阶段,智能化是该阶段的主要特点。物联网、移动物联网的发展使得设备存储数据、处理软件硬件的能力提升,为数据的深度挖掘和高度融合于各个平台及领域提供了必要的前提,人、机、物三要素融合的发展模式形成,世界进入新型的以信息为主导的经济发展模式——数字经济,与农业经济和工业经济的发展模式大不相同。数字经济的生产以大数据为关键要素,这种经济发展模式与蒸汽机的发明带来火车的兴起、内燃机的出现使汽车产业广泛发展不一样。大数据通过提升各产业的生产率,促进整个社会的经济活动在各个环节和行业的工作效率更高、质量更好且更智能化、现代化。

大数据的广泛应用预示了大数据时代的到来。最早提出大数据时代正在来临的是《纽约时报》2012 年 2 月 11 日的一篇题为《大数据时代》的专栏文章,作者前瞻性地指出,未来的政治、商业以及科学领域的科学研究和知识发现及决策将由传统的科学方式转变为由数据驱动的方式,大数据将彻底改变社会的每一个领域。[①] 人们对于大数

---

① 戴潘.大数据时代的认知哲学革命[M].上海:上海人民出版社,2019:20-21.

据逐渐达成了共识,认为大数据是 21 世纪最大的科学问题,是一场革命,庞大的数据来源所带来的量变将在学术界、企业界和政界产生深刻影响。

(三)大数据的主要特征

对于大数据的特征,基于不同的研究方式、角度和侧重点,学者们有着各自不同的理解。马建光和姜巍认为,大数据和大量数据不能相提并论,它强调的不是数量,而是形式、特性和价值,大数据具有"数据规模大(Volume)、数据种类多(Variety)、数据要求处理速度快(Velocity)、数据价值密度低(Value)"的 4V 特性。[1] 陶水龙基于历史数据不断变化的事实,提出了 2D 特征,即 Deadline(时效性)和 Dynamic(动态性)。[2] 王海涛等从网络化视角出发,指出大数据除了传统的 4V 特征,还有两大显著特征:一是大数据呈现分布式网络特征;二是大数据采用异构的数据表示形式。[3]

在对大数据特征的研究中,学界接受度最高、最著名的就是"V"理论。在 2001 年的时候,道格·莱尼(Doug Laney)最早提出了关于大数据特征的 3V 理论,其内容包括海量性(Volume)、多样性(Variety)和高速性(Velocity)。随着大数据技术的不断发展,其在各个行业得到广泛的应用。然而随着人们对大数据不断的探索研究,大数据的特征由最早提出的 3V 理论发展到 4V 理论,到最终的 5V 理论。具体特征如下。

① 马建光,姜巍.大数据的概念、特征及其应用[J].国防科技,2013(2):10-17.
② 陶水龙.大数据特征的分析研究[J].中国档案,2017(12):58-59.
③ 王海涛,拜玉,李星晨,等.大数据网络化——基本概念与技术挑战[J].电信快报:网络与通信,2020(9):7-10.

1. 海量性

大数据的海量性是大数据最突出的特点。首先,大数据为什么"大"? 这要先从 21 世纪初 MP3 的流行说起。那时候的数据存储要求不高,一般来说只需要 MB 级别存储量就可以满足当时人们的日常需求。然而随着人们需求的不断提升以及科技产品的不断升级,人们对数据存储的要求从以前的 MB 级别提升到 TB 乃至 PB、EB 级别。我们日常使用的微信、QQ、微博等社交网络以及移动网络、服务工具等,都将导致数据量的增加。

2. 多样性

由于数据来源广泛,因此大数据有多样性的特征。数据可以分为三类:结构化数据、半结构化数据以及非结构化数据。如今,随着信息化的发展,数据的多样性可以在网络、社交软件、图片、音频等方面体现。所有数据都有它自己的作用,目前数据应用较多的是推荐系统,比如抖音、百度、今日头条、淘宝、QQ 音乐、网易云音乐等,这些平台会实时对用户的习惯进行分析,从而进一步推荐适合每个人的东西,使网站平台和用户更好地交互,增强用户的体验感。

3. 高速性

大数据之所以高速,跟它的时效性是密不可分的。由于是通过网络进行传输,因此大数据的产生时间短到可以忽略不计。如果传输过慢,则该数据可能会失去它的使用价值。所以,人们在日常生活及工作中,需要使用和传输大量数据,这些数据是需要及时处理的。再者,如果耗费大量成本去储存数据,而不是考虑如何在短时间内处理那些一次性数据资料,那么这种方式显然会使人们付出更大的代价。所以,根据这种状况,我们应该对数据处理严格要求,争取做到实时分析,尽量不将一次性数据存储过长时间。如今,例如淘宝、抖音、今日头条等数据交互量特别大的平台,都在努力做出数据实时分析的效果。所以在这个数据爆炸的时代,谁能快速处理数据,谁就能抢占市场先机。

4.价值密度低

数据价值密度低是大数据最核心的特征之一。在当今数据爆炸的时代,大数据的"大"是有两面性的,虽然数据量大可以给我们提供强有力的数据分析基础,以便对数据进行实时及有效的分析。但是这些大量数据中有价值的数据少之又少。如今,大数据已经应用在教育、政府、农业、金融、医疗、环保等各个行业,其价值不可小觑。如何使从大量数据中筛选出有用的数据并进行有效的分析,这是大数据亟待解决的问题。

5.真实性

大数据的真实性和其价值性是密切相关的。大数据真实性越高,其价值就越大。但如上文所说,目前,由于大数据价值密度低,大数据的真实性是我们重点关注的方面。我们应该建立合理的数据管理机制,确保我们传输及使用的数据的真实性。

二、大数据时代带来的社会冲击

有部分学者用"颠覆性"和"革命性"两个词来形容大数据的影响,更有甚者认为将会产生科学研究中的第四范式——数据密集型科学发现,即通过海量的数据和无处不在的网络来完成数据挖掘,从而发现规律。这足以说明,大数据时代的到来给人类带来了革命性影响,给人类的生活世界、认知世界和幸福世界都带来了冲击。

(一)大数据带来了生活革命

大数据作为一种新技术,首先是一种解构力量,对传统生活世界产生了颠覆性影响。大数据对人类传统生产生活方式进行了解构,人类生活除了物理世界、现实世界,又增加了一个虚拟世界。正如迈尔-舍恩伯格在《大数据时代》中所说的:"大数据开启了一次重大的时代转型。就像望远镜让我们能够感受宇宙,显微镜让我们能够观测微生物一样,大数据正在改变我们的生活以及理解世界的方式,成为新发明和新服务的源泉,而更多的改变正蓄势待发。"①有学者提出将大数据时代的世界分为三体:第一体即物理实体,是由自然界物质以及人类所创造的各种实体设备、人造材料所构成的物质与材料世界。第二体即意识人体,指作为地球生命体代表的人类,构成社会的基本要素,人体具有自身的智能反应与智慧的意识活动。第三体即数字虚体,指存在于计算机和网络设备之中的所有数字代码集合体,基于计算机而实现,由于网络通信而增强。这三体之间相互交汇,就形成了三个世界,即物理实体系统界面、物理实体—意识人体系统界面、意识人体—数字虚体系统界面、数字虚体。也就是说,在大数据时代,人们除了生活在自然存在的物理世界和人的意识建构起来的意识世界之中,还生活在大数据建构起来的虚拟世界中。并且大数据实现了三个世界的融合,从本体论层面看,大数据生成了一个虚拟世界。"随着大数据的诞生,数据的本体地位浮出水面。在最理想的大数据环境中,一切皆可能被量化,人类的一切活动都可以在数据中留下痕迹。也就是说,在人类所处的物理世界以及社会世界之外,数据正在形成一个新的世界,这个新的世界是物质世界和社会世界在虚拟空间中所映射出来的

---

① 迈尔-舍恩伯格,库克耶.大数据时代[M].盛杨燕,周涛,译.杭州:浙江人民出版社,2013:1.

世界,但这个虚拟空间中的数据世界也能为前两者提供一种新的存在方式。"①大数据形成的新世界是人类历史前所未有的新环境、新场景和新背景,为人类开启一种全新的生活方式提供了可能。

"元宇宙"概念最近引起了人们的广泛关注,脸书(Facebook)也改名为"Meta"(元宇宙),根据扎克伯格的说法,人类正在进入一个新时代,正处在"互联网下一个篇章的开端"。可以说元宇宙时代是大数据时代深入发展的结果,是大数据时代的新阶段。人们对元宇宙的认识还没有达成共识。现实中,"元宇宙"概念的边界在不断扩大,几乎囊括了世间一切,"元宇宙不是虚拟世界,也不是现实世界在虚拟世界的简单映射,而是囊括了现实世界与虚拟世界的一个更大集合"②。元宇宙概念的产生,对人类生活的颠覆性影响更大。元宇宙的本质是所有感官体验的数字化,元宇宙从三个维度作用于人,即时间、空间、体验。所有感官体验的数字化有两层含义:一是元宇宙中人的感官体验高度仿真,所见即能体验到,所体验到等同于所具有/所得到;二是元宇宙中的所有体验都能与现实世界互通。元宇宙最主要的特点是沉浸式,其可以带来极致的沉浸式体验,具备对现实世界的替代性。元宇宙的内容或服务生态足够丰富,可以满足众多人群的社交生活与娱乐需求,具备广阔的可探索或可开拓空间。而未来的元宇宙内容形态相比游戏,其拟真度与沉浸感将大大提高,玩家在元宇宙中更容易进入"心流"状态。元宇宙对传统生活的最大颠覆是虚拟世界与现实世界的深度融合,虚拟世界和现实世界的边界进一步消失,将更加紧密地融合在一起,人们对于虚拟世界将更加认可,投入虚拟世界的时间和精力也会越来越多,而且越来越感觉不到与现实世界的差异。

---

① 戴潘.大数据时代的认知哲学革命[M].上海:上海人民出版社,2019:14.
② 焦娟,易欢欢,毛永丰.元宇宙大投资[M].北京:中译出版社,2022:17.

(二)大数据带来了思维革命

大数据作为一种变革力量,带来了思维方式的巨大变革和认知革命。根据辩证唯物主义的观点,客观存在的变化必然会带来思想意识的变化。作为第四范式的大数据已经成为一种新的思维方式。大数据带来了思维方式的变化越来越成为一种共识。迈尔-舍恩伯格认为,大数据将带来三种思维方式的变革,"首先,要分析与某事物相关的所有数据,而不是依靠分析少量的数据样本。其次,我们乐于接受数据的纷繁复杂,而不再追求精确性。最后,我们的思想发生了转变,不再探求难以捉摸的因果关系,转而关注事物的相关关系"①。

科技的发展使得思维模式不断创新,人们能够对大数据特征有更深刻的感受。处于大数据环境之下,对于数据的认识不能只停留在感性层面,还应该上升到理性层面。具体而言,大数据时代的思维特征如下。

1.大数据增强了思维的整体性

大数据真正的核心特征是"全"而不是"大"。大数据所谓的大,不仅仅是数据量大,而是实现了数据全覆盖,是利用所有数据。大数据时代开启了全数据模式,样本等于全体,采用全数据的方法,对于事物的认识就更全面。

2.大数据增强了思维的丰富性

大数据的第二个特征是形态多样化。传统的数据一般是结构化数据,是通过二维表结构来逻辑表达和实现的数据。大数据时代的数据,存在着结构化数据与非结构化数据的混杂。尤其是移动互联网诞

---

① 迈尔-舍恩伯格,库克耶.大数据时代[M].盛杨燕,周涛,译.杭州:浙江人民出版社,2013:29.

生以后,大量的文本、照片、视频以及在线互动评论等井喷式增长,而且数据来源多样化,既有在生产过程中形成的,也有在通过信息设备进行数据采集、传输和处理时所形成的。

3.大数据改变了知识的发现和生产方式

大数据科学是符合信息时代特征的新的知识发现方式。大数据能够收集和处理海量的人类行为数据,因此基于大数据的科学能够对复杂社会现象领域中的无限数量的动态演化的相关法则与因果法则进行分析和处理,能够对社会现象进行预测和干预。大数据记录人类行为数据,幸福是对有意义行为的一种心理反应和体验。大数据对于如何获得幸福具有重要的预测价值,大数据可以记录人们在幸福状态下和幸福时刻的行为表现,通过对这些记录的分析,可以得出人类幸福状态的行为原因和特征,从而为维系幸福提供建议。

(三)大数据带来了幸福革命

大数据作为一种重塑力量具有建构性,带来了人们对美好生活的重塑,也形成了对幸福世界的重塑。幸福是一个综合体,既指向理念,又指向实践;既包括现在,又指向未来;既体现实在,又体现想象。幸福世界是指由幸福认知、幸福感知、幸福实现和幸福评价构成的共同体。一方面,大数据给幸福世界带来了积极的影响,让人们可以更好地获得和感受幸福。大数据的真正价值在于对未来发展的预测和未知规律的发现,人们能够从大数据中挖掘出尚未发现的信息和知识,大数据是指向未来的,大数据的未来指向对幸福世界造成了巨大冲击,因为幸福除了现实感受,更多地包含着一种对未来的理念建构和想象建构,幸福更多的是一种未来叙事模式。大数据的应用丰富了幸福叙事模式,更重要的是为幸福叙事提供了新技术支撑,让人们可以更好地洞悉未来,从而更好地洞悉幸福。另一方面,大数据技术的应用也带来一系列棘手的问题,对幸福世界产生了消极影响。在当代,信息与通信技术已经不再只是工具,而是具有了环境力量,不仅彻底影响了人类的生存境况,重塑了人类的生存环境、生活方式以及生产方式等,而且带来了信息过剩、认知超载、注意力分散、信息的选择性传播、真相难觅、隐私泄露等一系列在原有概念框架内无法解决的棘手问题。这些问题带给幸福世界的更多的是一些负面冲击,在大数据时代,"幸福茧房"和幸福疏离现象普遍存在,人们将大量的时间耗费在网络虚拟世界,耗费在海量数据的收集和清洗上,而慢慢淡忘了对有意义行为的追求。

总之,大数据不仅带来了生活革命、思维革命,也带来幸福革命。幸福作为人类对美好生活的追求与向往,作为美好生活的表现维度,是人类对理想生活状态的一种理论假设。大数据对生活的影响是对实体世界的影响,对认知方式的影响是对精神世界的影响,而幸福世界是物质世界与精神世界的共同体,是基于物质世界的精神自由和想象自由。幸福是基于现实、指向未来的,在幸福根基和基础发生变化的时候,幸福自身也会发生革命性变化。幸福具有自我建构性质,是对未来的设想,大数据时代给幸福带来的革命性影响体现在幸福指向的变化和幸福驱动的变化等方面。

1. 幸福指向的变化

幸福指向一般指的是幸福客体或幸福对象,也就是幸福的具体内容。大数据时代幸福指向的变化既有幸福元素的新增(大数据可以直接构成幸福元素),也有对传统幸福元素的改造,也就是对幸福构成部分的重构,比如大数据时代的幸福感更多借助于数据分析和数据挖掘来获得,大数据为幸福感知提供了有力工具;数据挖掘成为幸福创造的重要内容,幸福实现和幸福评价都需要借助大数据技术,大数据从工具层面和技术层面为幸福提供了新的方式。

2.幸福驱动的变化

幸福驱动问题一直是幸福的核心和首要问题,也就是为什么追求幸福,是什么力量让我们追求幸福。传统中对于幸福驱动的认识,是满足感、意义感和使命感,认为幸福是人的需求和欲望的满足,是追求人生意义和维系良好社会生产环境的需要。大数据时代,幸福驱动也发生了巨大变化。数据驱动是大数据时代一切的核心,也成为幸福驱动的核心。数据是信息的载体,既可以满足人们认知的要求,又可以满足人们消费的需求,还可以成为再生产的重要因素和资源。大数据时代,数据成为新的生产力和新的财富来源,人类生产关系也在大数据生产中进行了重构,传统的生产力与生产关系的辩证关系发生了新的变化。对新信息的占有和对新信息的生产传播成为新的社会发展驱动力。在工业社会,人类看重对物质财富的占有,也就是私有权是影响和驱动幸福的重要来源,而在大数据时代和数字社会,财富占有不再那么重要,重要的是自身影响力和辐射力,也就是信息传播形成的场域和圈子,如粉丝圈、朋友圈等,信息影响力体现了个体的影响力,个体影响力成为人们新的关注点,也成为幸福新的驱动力。

三、大数据时代的幸福变迁

大数据带来了幸福革命,也带来了幸福变迁,产生了一些新的幸福问题和幸福现象。

(一)大数据时代的幸福缺失

人类是信息动物,自诞生以来一直与信息为伴。人类发明文字、数字等符号都是为了更好地获取信息、储存信息和加工信息。信息载体一直随着人类的发展而发展。大数据时代,信息传播方式和传播载体都发生了巨大的变化,大数据时代的核心特征是数据海量、传播速度超快,信息传播实现了即时、全领域、全覆盖,给人们的生活带来了极大便利。但同时,大数据技术的运用也带来了幸福感的缺失,正如蒂姆·博诺所说:"统计结果显示,学生在 Facebook 上花费的时间越长,他们在生活中几乎任何其他方面的表现就越糟糕。一些人为了在社交媒体上给自己勾画一个完美形象,在上面花费了大量的时间和精力,这样做非但徒劳无功,甚至还会对人的幸福感提升起到反作用。"①大数据时代的幸福缺失主要有以下方面。

1. 大数据的时空超越性带来了求知幸福的丧失

大数据让人们更好地超越了时空限制,也就是大数据改变了人们传统的时空模式。时空本来是对人的一种限制,在时空面前人类感受到了自身的渺小,也从而激发了超越时空的想象,人类一直在与时空赛跑,追逐着最大、最快、最全。而在大数据时代的今天,人类通过网络可以无所不知,人类的认知范围和活动范围无限扩大,世界成了地球村,人们可以很容易地知道前一秒钟世界最偏远地区发生的事情。大数据的无所不能影响了人们的探索欲和求知欲,幸福本身是对欲望和需求的满足,而一旦人们没有了缺失的感觉,也会导致满足感的丧失。也就是说,在前大数据时代人们认为幸福的事情,在大数据时代可能已经无法给人们带来幸福。比如说传统的手写信件,收到远方爱人寄来的手写情书或者寄托牵挂的书信在以前是一件非常幸福的事情。而在大数据时代,人们已经实现了即时通信,甚至在不远的将来,人们可以实现全息对话聊天,原来由于期盼产生的强烈的感情都淡化了,也会导致人类感情的浅层化。

---

① 博诺. 幸福的科学[M]. 徐天凤,译. 北京:中信出版社,2020:7.

2.大数据形成的数据依赖带来了自主幸福的丧失

幸福本来可以来源于命运掌握在自己手里,也就是对自己的生活有一定的自主权。大数据时代,这种情况发生了变化。大数据不仅让人们更快更好地了解信息,还利用算法等功能,对数据进行分析加工,把你感兴趣的相关信息推送给你。大数据的最典型特征是数据相关性,相关性分析是大数据的强项,可以从海量信息中迅速进行数据筛选,根据既往的数据经验进行数据预测,通过你曾经的数据留痕来判断你的兴趣爱好和关心的话题。也就是说大数据更聪明,更符合你的胃口和品味,你什么也没说它就猜到了你的心思,把你想要的东西推送到了你的面前,你不用动手甚至不用动脑,开机就用,拿来就用。这种信息推送满足了人们一定的需求和欲望,从物质满足角度满足了幸福欲望,一定程度上提升了幸福指数。但是,这也在一定程度上造成了数据依赖和路径依赖,人们看到的都是与自己相关和相似的东西,世界的丰富性被剥夺了,观点的多样性被屏蔽了,久而久之,人们的视野会被限制,形成了一种思维的路径依赖和惰性,人类的批判性和探索性会在一定程度上被削弱。而思维上的幸福是一种深层次的幸福,缺失了思维上的快乐和幸福,人类又回到了原始状态。

大数据的模糊感带来了深度幸福的丧失。在大数据时代之前,人们追求一种朦胧美、细节美,对事物的部分信息的掌握给想象和预测留有了一定空间,从而给人们带来了想象和预测的乐趣。大数据实现了全样本数据,当一个东西全方位地呈现在人们面前时,更多是给予人们一种整体性认识、框架性认识,原来形成的在细节处关注和体验获得的幸福感消失了,大数据的模糊性让人们很难对一个物品形成更深入的认识。

(二)大数据时代的幸福担忧

幸福是一种安全时的心理和谐状态,只有对于周边的环境和对于自身感到安全的时候,人们才会感受到幸福。大数据时代,人们的一举一动都以数据的形式被记录下来,"如今我们的日常活动也会被收集并成为电子化的数据,想避免个人数据被收集几乎已经是不可能的事"①。我们都成为"透明人",个人隐私面临更大挑战,"个体信息和特征被细化为一个数据包的集合体,被商业平台所调用,用户沦为大数据时代的'透明人'"②。大数据时代也是数据"黑洞",尤其是少数互联网巨头掌握着大量的用户数据,用户数据泄露的事件时有发生,如2021年4月,Facebook有超过5亿用户的个人数据被泄露。在数据成为资产的同时,数据安全风险也在充分暴露。这些都对幸福造成了冲击。

大数据时代,我们陷于数字化网络中,每时每刻都受到严密监控而不自知。我们每到之处,无处不在的监控探头、GPS、传感器设备、手机镜头等,都将我们的举止记录下来。只要我们使用移动网络和智能手机,后台设定的数据收集技术,都可以不经过我们允许,在我们毫不知情或者在有意降低风险性而让我们乐意配合的情况下,收集我们的地理地位、IP地址、浏览习惯和历史记录等,甚至能准确定位,预测我们的购物清单和生活事件,对我们的日常生活信息进行收集。我们的个人信息和隐私都在监控者掌控之中。我们被算法支配和统治,我们的知识兴趣、网页浏览习惯和交通导航历史记录、网上购物数据、社交网络、身体健康等数据,都在后台被记录、收集和分析,并用于政治

---

① 霍尔姆斯.大数据[M].李德俊,洪燕青,译.南京:译林出版社,2020:12.
② 焦娟,易欢欢,毛永丰.元宇宙大投资[M].北京:中译出版社,2022:44.

和商业化目的。每个用户可能面临个人隐私泄露的风险,正常社会生活将受到严重影响,这给人们带来了幸福担忧。

(三)大数据时代的"幸福茧房"

幸福的本质是人的本质力量对象化显现带来的体验。不同时代,人的本质力量的显现方式不同。在工业时代之前,人的本质力量是以改造自然,以人类痕迹投射到自然物上的形式显现;工业时代是以改造物的形式,以商品和财富的形式显现;后工业时代是以霸权或对人的欲望进行控制的实现的权力形式显现。大数据则是人类自身行为的一种投射,也就是人类对自身的改造和控制的一种体现,这是大数据时代幸福本质的根本性变化,也就是说人类更加重视自身,在人类摆脱了自然和金钱的束缚和异化之后,人类回归了自身,这既是人类发展的一种进步,人类在不断实现超越,超越的层次也越来越高,但是对于自身的回归也让人类重归自我中心、人类中心的窠臼。当然,这种回归是复合式的回归,也就是扬弃基础上的回归,人类并没有完全舍弃大数据时代之前的认识,而是在此基础上有了更进一步的认识,所以大数据时代的幸福应该建构一种聚合式、发展式、过程式幸福,也就是建构一种基于人自身重心之上,对大自然、对信仰、对财富、对权力等一系列与人类共存或者人类创造之物广泛关注的幸福观。但是,大数据时代形成了一种新的不良现象——"幸福茧房"。

"幸福茧房"是大数据时代特有的现象,指的是大数据时代,在各类媒体的引导下,人们不断被各种定制化信息所裹挟,逐渐迷失自我,将自己束缚在自己建构的日益单一窄化的幸福梦想之中。人们日常只注意自己喜欢和使自己愉悦的领域,对外界的其他关于幸福的感受的接受程度降低或完全屏蔽,久而久之,就将自己桎梏于蚕茧一样的"茧房"之中。"幸福茧房"的本质特征是幸福窄化,就是将自己束缚在自己建构的幸福牢笼之中,看不到幸福世界的丰富性和多样性。

"幸福茧房"的哲学根源是幸福本身是人类创设的概念,人类有自我中心主义和自恋情节,在创设幸福的时候更多地考虑自身因素。"幸福茧房"的社会根源是大数据作为人们行为信息的载体,让人们更多地关注自身行为,形成了以自身数据为核心的人生关注点。"幸福茧房"的技术根源是信息茧房,大数据算法推送的都是受众感兴趣且认可度高的观点,久而久之形成信息茧房,使受众视野受限。

在大数据时代,"幸福茧房"的形成是个体在海量信息差异化中对幸福追求的必然结果,是人们对幸福追求的一种自我调节和防御机制。在大数据时代之前,人们对幸福的理解也存在类似茧房的现象,比如将幸福看作欲望的满足、金钱的积累等,背离了幸福多样性原则。马斯洛需求层次理论提出了人类需求的五级模型,包括生理需要、安全需要、社会需要、尊重需要、自我实现。个人在追求这些需求的同时,不断地塑造着适合自己实际需求的"茧"。每个人的"茧"大小不一,内容也不尽相同,达到了每个人在生活中所需要的一种平衡。关于幸福的追求也是这样的,不断塑造着适合自己各类需求的茧,让自己活在一种比较舒适的状态。大数据时代,"幸福茧房"现象愈演愈烈,随着信息传播手段的更新,信息传播技术的发展与应用破除了信息传播闭塞的羁绊,今日头条、微信、抖音、小红书、知乎等成为民众沟通和获取信息的重要渠道。算法智能推荐的强势崛起为用户提供了更精准、更个性化的信息服务。这在给传播领域带来变革的同时,也使人们的幸福观在媒体的强势攻击下变得更趋同,对幸福的理解深度降低。人们接受着同一个幸福的观念、幸福的含义,而忘记自己内心追求的幸福应是多元化的。

"幸福茧房"在一定程度上是有益的,它可以使个人在大数据时代保持内心淡定。但是长期发展下去,"幸福茧房"对个人的桎梏会越来越明显,个人很难脱离自我中心和固化思维,这时候"幸福茧房"已经不再是保护个人,而是在反向塑造个人,也会慢慢消磨殆尽人们原有的幸福。马克思曾说:"只有在共同体中,个人才能获得全面发展其才能的手段,也就是说,只有在共同体中才可能有个人自由。"[①]只有走出"幸福茧房",把追求个体幸福与共同体幸福结合起来,才能得到真正的幸福。

(四)大数据时代的幸福疏离

疏离感指的是个体与社会性事物原本联系在一起,却产生分离的感觉,或是原本相互契合的价值观、行为以及期望,现在却产生了缝隙。高疏离感的人会感觉到周遭事物、机制或机构所产生的现象对他而言无意义,也无力对周遭加以影响,因此产生一种被孤立并与其格格不入的感觉。幸福的现实呈现为幸福感,幸福感是个人对于整体生活的满意程度的认识性评价、正向情感的呈现及负向情感的缺乏。幸福感作为正向积极的心理影响状态,主要有三个组成部分:体验快乐情绪的频率及强度;对生活整体的满意度;没有忧郁、焦虑或其他负向情绪的状态。整体而言,幸福感是个人对整体生活的正面评价,即高度的正向情感及生活满意度与低度的负向情感。我们对幸福的追求也就是追求现实生活中的幸福感,而疏离感是与幸福感相对的一个概念,与幸福感的融入生活相反,疏离感是意义的缺失,是对生活或对周边环境和人际范围的分离和分裂,找不到依存的环境,缺少社会支持,尤其是自我抛弃,也就是一种"零余者"和"多余人"的感觉,自己与社会和周边格格不入,从而找不到传统意义上的价值和意义。

---

① 马克思,恩格斯.德意志意识形态(节选本)[M].中共中央马克思恩格斯列宁斯大林著作编译局,编译.北京:人民出版社,2018:65.

大数据时代的幸福疏离,主要体现的也是一种幸福感的缺失,在物质和信息丰盈的时代,社会生活较之以前有了很大的改善,人们的生活环境和社会环境都变得更加美好,但是就是感觉不到幸福。大数据时代的幸福疏离有三种表现形式。

主动幸福疏离。自己追求的幸福与社会认可的幸福不一致。也就是说自己认可的幸福观与大众的幸福观不一致,自己求新立异,例如沉迷网络世界或游戏世界,追逐虚拟世界的潇洒和幸福,而与现实世界的幸福隔离,甚至与整个现实世界疏离。这种状态下,自我幸福感还是比较高的,无非是得不到社会"达成共识"的幸福。这也说明了这类人在追求一种超前的幸福,也许属于元宇宙中的幸福,远远超出了目前大众的认知和感受水平。

被动幸福疏离。自己追求的幸福与自己认可的幸福不一致。自己认可的幸福还是传统的幸福,但是经受不住大数据时代各种新技术的诱惑,把大量的时间花费在虚拟世界中,又不能从虚拟世界中得到幸福。

病态幸福疏离。这是一种价值感和意义感完全丧失的状态。这种人缺失生活目标和追求,既缺失幸福期待,也缺失幸福感。对大数据的过度依赖使其成为空心人和单向度的人,完全沉溺虚拟世界不能自拔,混淆了虚拟世界和现实世界的界限,有些甚至成为严重的抑郁症患者。

四、大数据时代的幸福形式

大数据时代也产生了一些新的幸福形式,主要包括微幸福、虚拟幸福、共享幸福、自幸福、算法幸福等。

(一)微幸福:指向生活细节的幸福

英国作家阿兰·德波顿和英国泰特现代艺术馆前任馆长索菲·霍华斯共同创立的人生学校编著了一本书——《微小的幸福》,指出:"只要我们留心观察,就会发现生活中有许多令人着迷的小事:一件喜欢的旧衣服,夜晚的低语,无花果的滋味⋯⋯这些都是日常生活中微小的幸福。"①该书收录了小岛、日光浴、最爱的一件旧衣服、与小朋友手拉手、在海中自在游泳、科技新发现等 52 件生活小事,为一年中的每一周准备了一份幸福。该书提出了"微小的幸福"概念,认为微小的幸福通常来自瞥见微言之中的大义而产生的满足感。微小的幸福是被当今我们所说的集体意识忽视了的一种享受,是一种在司空见惯的现状和没完没了的同辈压力的衬托下,本能自发地精心建构出的对生活的愿景。对微小的幸福的常规理解是将它视为一种对个人而言十分美好但微不足道的幸福感。微小的幸福才是真正强烈的幸福,是更好生活的关键。在每种微小的幸福背后都藏着抚慰人心或大有裨益的生存见地,而正是在略微有些感悟却还未完全参透时,我们迎来一阵幸福的喜悦。大数据时代,微幸福成为常态,微幸福是指向生活细节的幸福,与原来的宏观的宏大叙事的幸福有明显区别。

幸福是人类永恒的话题,每个时代都有自己时代的幸福观。古希腊的苏格拉底认为,人类最大的幸福就在于每天能谈谈道德方面的事情,无灵魂的生活就失去了人的生活价值。近代的哲学家休谟认为,正是劳动本身构成了人们追求的幸福的主要因素,任何不是靠辛勤努力而获得的享受,都很快就会变得枯燥无聊,索然无味。马克思告诉我们,经验证明,能使大多数人得到幸福的人,他本身也是最幸福的。

---

① 人生学校.微小的幸福[M].陈鑫媛,译.北京:北京联合出版公司,2018:7.

现代哲学家尼采认为,幸福在弱者看来,与某种安慰剂和安慰性的思维方式相一致。英国哲学家罗素则说,谈到幸福,总须还有些心想而未成的东西。加缪则认为,幸福不是一切,人还有责任。

步入大数据时代,人们对幸福的认识也发生了改变,生活痕迹摇身变为宝藏,变成了人们的幸福元素,人们追求的是一种指向生活细节的幸福。大数据记录的是人类留下的生活痕迹,亿万年以来,其实大数据一直存在,正如同深深埋在地下的金矿、银矿、煤矿一样。随着大机器的运用,人们把目光瞄准了大自然,以之前人类数以百倍的能力疯狂攫取自然资源,当然,以此预示着大工业时代的到来。矿产资源的大量开采支撑了工业社会体系的发展,人们的生活也因为大工业的发展而变得更加丰富和便利。

科学记录的是人类征服自然和改造自然的痕迹;文字记录的是人们思考的痕迹,是社会活动的记录;以大数据为代表的信息记录了以人类自身为中心构筑起来的生活痕迹,一切生活都数据化、信息化,实际是人们生活轨迹的详细记录。人们的关注点不再是身外的大自然,或者是人之外的社会和其他人,而是人类自身,因为大数据是对自身的勾勒,原来人们对自己的评判标准是在与自然的比照和抗争中,以人对自然的征服度来赢得和衡量自己的成就感,在以自然为参照物和坐标体系中来思考人的价值和意义;还有就是社会和他人的评判视角,在赢得别人的尊重或统治权、领导权以及在信任关系、亲密关系的建立中实现自身价值,也就是在对人类或其他人的影响中看到自己的价值,注重自己的影响力,是以他人或社会为镜子,通过他们照出自己,来关照自己。前两种价值形式都是在一种二元结构体系中,有一个外在的参照或比照物,如自然、他人、社群。大数据时代,人们将生活的目标转向了自身,在对以自身为中心的数据发现与建构、数据需求满足与实现、数据分析与评判中实现自身的价值,关注的重点是自身。当然,自然维度、社会维度依然存在,并且在之前的时候自身维度也存在。但是在大数据时代以前,人们获取数据的手段有限,无法获得足以勾画全貌的数据。在大数据时代,技术的进步实现了人们对自身生活轨迹的详细了解,人们的健康、运动、学习、工作等都被数据化了,人们的生活轨迹都可以得到详细的记录。也就是说,以前人们因为无知(或没办法知道)而被抑制的欲望得到了激发,人们由于对自身的生活轨迹有了掌握和了解的能力,从而更加关注,并且产生了新的欲望和需求,期望通过对过去生活轨迹的分析和对现在生活的监测,来改善和预测未来的生活。所以说,大数据是对人类生活轨迹的描述和勾勒,给人类提供了新的认知和评判工具,从而改变了人们的生活,人们也更加关注源自生活轨迹记录的微幸福。

(二)虚拟幸福:指向数据累积的幸福

所谓虚拟幸福,是指数据构成的虚拟世界带来的幸福,是大数据时代特有的幸福类型,它与传统意义上的物质性、社会性、对象性幸福有根本性区别。

虚拟幸福是对虚拟世界的虚拟生活的感知和体验。大数据时代,人们热心数据的占有和积累,热衷于炫耀和展示自己所占有的数据,比如朋友圈晒幸福,炫耀自己的游戏等级和装备,晒自己拥有的一切东西:晒自己去过的地方,晒自己走的步数,晒自己的粉丝量。大数据时代"流量为王",跑量成为人们关注的重点,人们悉心计算别人对自己的关注量和点击率,于是数据的累积成了人们幸福的一部分。正如同大数据时代之前人们对财富的占有和攫取能够给人们带来幸福一样,大数据时代一个人占有的数据多少成了其展示的对象,成了幸福的重要组成部分。

传统的幸福是主观基于一定的外部环境对需要的满足所产生的

一种愉悦的情感状态,大数据时代的虚拟幸福脱离了传统的幸福生成所必须具备的外部环境和主观感受,是一种脱离了现实环境的虚拟状态,所以持续时间短,而且深度也不够,是一种自娱自乐的幸福。

(三)共享幸福:成果共享的幸福

大数据时代还有一种特有的幸福形式——共享幸福。大数据时代对所有权的消解和消融,强化了共享理念,共享幸福破除了近代以后资本主义培植的以私有权和财富占有为主要内容的幸福理念,形成了一种新型的幸福理念,就是资源共享、成果共享、财富共享、感受共享,这样势必会产生一种精神共享,幸福观作为精神层面的心理体验和思想观念,应该适应新的发展形势。

共享幸福理念也是全体人民共同富裕理念在幸福领域的一种呈现。共同富裕是中国式现代化的重要特征,为此,需要倡导建立一种真正以人民为中心、超越个人中心主义的幸福观,也就是以实现全体人民共同富裕为价值追求和幸福期待,在实现共同富裕的过程中实现自身价值,获得幸福体验。这种新型幸福观和幸福实践是大数据时代所特有的。

(四)自幸福:指向自身的幸福

大数据时代还有一种幸福形式——自幸福。这种幸福缺少了传统幸福人际关系的支持,是在自娱自乐中获得幸福。

大数据记载了人们的生活轨迹,这些原来就散落、遗失在历史长河里的数据被挖掘和利用起来。人类的一举一动都可以通过数据的形式予以呈现。大数据立足过去,着眼未来,是对未来的预测,大数据的价值也是因为其掌握更多、更全面的过去的细节,以此来对未来做出更精准、更可靠的预测，从而可以让人们规避或及早发现一些疾病或不良行为对未来的影响。大数据的着力点依然是现在和过去，是对现在和过去人类行为的监测和记录。

大数据时代的到来让人们把关注的视线重新调回到人自身，人类在向自身挖掘金矿银矿。大工业时代，人们在认识、改造和利用自然中实现自身价值，获得成就感和满足感。大数据时代，人们将在对自身的认识、提高和完善中不断发现自身的价值。人们更加关注自身的健康，关注生命和生活的细节。在大工业时代，人们热火朝天地改造自然，攫取自然资源，在"物"的获得和丰富中得到满足。人们热衷于财富的积累，人们获得的财富越多，象征着能力越强。而在大数据时代，当人们对于财富的积累已经不再有成就感的时候，也就是人们对改造自然的热衷度大大降低的时候，人类告别了宏大叙事，在不断地寻求新的兴奋点。这时候，人类在自己身上意外地发现了新的宝藏。

（五）算法幸福：算法与数据相结合的幸福

算法是人们所设计的认识数据的工具，它在大数据处理中已处于核心地位。英国曼彻斯特城市大学未来经济研究中心的加文·布朗和理查德·惠特尔在《未来工作》一书中指出，算法、区块链和加密货币三大技术的融合在未来长期产生深远的影响。这些新技术组合在一起会催生一个新型工作世界。布朗和惠特尔也对算法进行了定义，认为算法从根本上讲，"只是一组精确的指令，用于完成一项任务或过程、生成一个输出结果或简单地将 A 转换为 B。算法无处不在"。"简而言之，算法是一组精确的指令或公式，用于解决某个问题或执行一项任务。从计算的意义上讲，我们使用算法来指示计算机如何完成一项给定的任务。"①大数据知识的发现是以"数据＋算法"双驱动的新的认知模式，大数据自身并不会发声，而是需要算法使其发声。大数据时代的幸福也可以说是一种算法幸福。算法影响人类的生活，不同的算法，也就是不同的设计路径会导致不同的结果。算法幸福就是要正确设置幸福的路径，不要让别人的算法影响自己的幸福，同时要把幸福权牢牢抓在自己手里，设计自己的算法。大数据时代的核心是"算法＋数据"，大数据时代的幸福的核心也是"算法幸福＋数据幸福"，也就是说大数据时代的幸福是算法幸福与数据幸福的有机结合。

五、大数据时代的幸福挑战

2023 年 3 月 26 日，由清华大学与浙江省台州市黄岩区共同打造的积极心理学指导下的城市大型公共服务设施——永宁幸福科学馆正式开馆试运营，清华大学社会科学学院院长彭凯平教授表示："身处人工智能时代，幸福是一种机器无法取代、无法改变的人类专属特性。"②大数据时代，人们对幸福的追求要避免把大数据目的化和终极化，而是要始终保持清醒，大数据只是一种新技术，是追求幸福的最新工具和手段。大数据时代的幸福发生了变化，但幸福的核心和根本没有变，变化的是形式、要素和手段。人们不能仅仅把大数据作为带来财富的工具和手段，更要关注大数据对人类精神层面的提升，将大数据作为追求幸福的最新工具。大数据开启了人们新的需求，人们也要思考它对人类精神的提升，只有始于物质层次，终于精神层面，也就是实现物质层与精神层的有效结合，大数据才是真正地影响了人们的生活和幸福。

① 布朗，惠特尔.未来工作[M].兰娜，译.北京:中国科学技术出版社,2022:3.
② 窦皓.幸福科学馆里探"幸福"[N].人民日报,2023-04-03(6).

（一）突破大数据带来的认知视野的局限

大数据时代，人们要妥善处理大数据所造成的视野局限的问题。大数据的发展要给人们带来幸福，毕竟每个个体的时间都是有限的，每个个体都是以自己的视角来认识和感知世界，来认识一样东西的价值。如何将大数据应用到精神层面，如何让人们的精神变得充实、丰盈、崇高而神圣，如何让人们认同大数据……这些问题都需要人们不断探索。文字的发明最初是为了满足人类沟通交流和记录的需要，发展到成熟阶段以后，文字成了人们精神创造和精神寄托的载体。大数据也具有类似功能，将来大数据除了给人们展示健康和运动方面的指标，也可以成为人们精神创造和精神寄托的载体，人们不仅可以在数据挖掘和数据接收中得到浅层的满足，还可以在数据创造和数据整合中获得精神享受。人类的生老病死并不会因为大数据的运用而避免，大数据的运用可以在技术上和心理上实现延长人类生命的目的，但一定的延长依然还要面对最终的有限，对于生命有限的焦虑和恐惧依然难以消除，如果人类只把视野局限在自身，那是"自恋"情结的重新回归，人们最终还是需要在更大的空间中寻找幸福。

（二）破除对大数据的盲目崇拜和迷信

大数据对人们的改变只是方式上的改变，人类亘古以来对真善美的追求不会改变。人类摆脱中世纪的思想桎梏用了上千年，在短期的心灵自由之后又陷入了资本的圈套，被物欲所俘获，马克思用异化理论来阐释和展示，巴尔扎克等用文学作品中的人物形象来展示，当人类不反思、不节制自己的欲望膨胀的时候，发生了第一次世界大战、第二次世界大战等非正义的全球范围内的掠夺战争，这些都是人类发展史上惨痛的教训。当大写的人的概念重新回归的时候,人们期待的是人的自由全面发展,期待的是人的物质丰盈与精神丰富相结合的幸福。不希望大数据时代的到来让人们重新跪倒在大数据脚下,盲信大数据可以解决一切,再次成为大数据的奴隶,甚至成为"技术狗"。爱因斯坦曾说过:"单单授人一门专门技能并不足够,否则这个人只会是一架有用的机器,而没有和谐发展的人格。更重要的是,学生要对不同的价值观有所理解和生动的体会,他必须对美、对善恶感应灵敏,否则,他纵有专门知识,也不过是一条训练有素的狗,而不是和谐发展的人。"①后人根据爱因斯坦的名言,总结出一个俗语"技术狗",用来指称那些聪明过人,掌握了丰富的专业技能和知识等工具理性,却缺少必要的仁爱精神、仁义之心等价值理性的人,对大数据盲目崇拜和迷信的人也容易沦落为"技术狗"。

人生是一个未知领域,不论大数据发展到何种程度,人们都不会认同可以一眼看穿从小到老的一生。人生因丰富而精彩,人生也因为充满喜悦、恐惧、失落等各种情绪和感情而值得拥有。当人们借助大数据手段对自己的人生来去都一目了然,当人们的生活只有一种格调,当所有人的人生都被设计成一种模式的时候,人生还有什么幸福可言?

大数据的运用丰富了我们的生活,让我们当代人的生活又多出一个关注点,这是大数据的最大价值,也仅此而已。我们的人生会因为大数据的运用而变得美好,我们会因为大数据的运用获得更多的幸福,但是人生不会发生根本性的改变,因为人的归宿都是一样的。大数据说到底只不过是一种技术和手段,我们还是需要丰富和充实我们的精神世界以此来获得更加持续的幸福。

---

① 杨超.当代西方价值教育思潮[M].广州:中山大学出版社,2011:2.

（三）拒绝冷冰冰的数字式幸福，追求有温度的幸福

大数据时代，人们要拒绝冷冰冰的数字式幸福，呼唤有温度的幸福。幸福本来是一种主观体验，大数据时代，人们在追求数字累积和堆砌带来的快感的同时不应该忘记幸福本来的含义，幸福最终指向人类自身，是对人类自身的反思和回望。幸福不是数据的堆砌，而是人们内心的充实和丰盈，是对心灵空间的丰富和充实，人生因丰富而精彩，幸福一定少不了故事的底色，深层次的幸福都具有故事的特性，是可以讲述的，可以沉淀为生命的一部分。单纯的数据堆积给人的只是一时的快感，尤其是大数据更注重的是事物之间的相关关系，斩断了事物之间的因果关系，从而从根本上斩断了幸福故事性的根源。大数据时代的信息堆砌缺乏深度和厚重感，从而少了人情味。幸福一定是关于人类故事的，没有人类的参与，没有了人们的体悟，幸福只是冷冰冰的数据，就跟资本主义时代把幸福认同为堆砌起来的金钱一样，这不是人们想要的幸福。

六、大数据时代需要培养数据赋能幸福的新能力

越来越多的人意识到，大数据是可以给人们带来幸福的。大数据时代的幸福已经发生了改变，大数据时代幸福追求的新维度就是要提升以大数据赋能幸福的能力。

大数据时代，数据生活成为人们生活的常态，数据已经成为人们生活的重要组成部分，每个人都要学会与数据共舞，不断提升通过数据挖掘幸福、产生幸福、体验幸福、评判幸福的能力；人们要让大数据成为追求幸福的武器，而不是被大数据所束缚，成为大数据的奴隶。大数据时代迫切需要提升大数据幸福能力，主要包括以下方面。

（一）提升大数据挖掘幸福的能力

大数据时代的幸福能力首先是一种驾驭大数据的能力，也就是运用好大数据为我们谋求幸福。乐购客户忠诚卡创始人克莱夫·汉比在 2006 年提出的"数据就是新石油"的说法广为流传，这句话指出了大数据的主要特征，数据像石油一样珍贵，但也必须先经过有效处理才能实现其价值，有效处理的方法就是进行大数据挖掘，大数据的价值需要去挖掘，"大数据挖掘的任务，确实是从大量的数据集中提取有用和有价值的信息"[①]。只要找到了合适的数据挖掘方法，所有形式的数据都可能提供有用的信息。

几千年来，人类一直在征服自然和同类的历程中赢得幸福，生活在大数据时代的人们，同样可以从征服大数据中获得幸福。人们应该让大数据为己所用，而不是让自己变成大数据的奴隶。这首先就需要认清大数据的本质，大数据是人们认识世界的一种新方式，是改造世界的一种新方式，是全新的生活方式，带给人们的是一种全新的客观呈现，是一种数据式呈现，是一种新视角、新维度的呈现。人们要掌握大数据的规律，以便重新整合生活。让大数据思维渗透到生活的方方面面需要一个过程，但这是必须具备的能力。一旦人们能够具备娴熟驾驭大数据的能力，能够以大数据的思维思考问题，人们也就掌握了幸福的窍门。

（二）提升大数据赋能幸福的能力

大数据时代的价值信息具有交叉特点。据统计，Facebook 年收益高达 60 亿美元。因为为客户提供的服务都是免费的，所以不由得

---

① 霍尔姆斯.大数据[M].李德俊,洪燕青,译.南京:译林出版社,2020:21.

引人深思。Facebook 之所以能够盈利,其中呈现出的就是大数据的交叉价值。当用户使用社交软件的时候,软件可以自动对用户的身份信息和浏览喜好进行分析,还能根据用户的浏览记录对其消费喜好进行测试,即便是用户在使用社交软件时,没有点击"喜好"按钮,网站也能够通过大数据进行精准分析。由此可以看出,大数据时代,数据即为财富的象征。用户对信息的浏览使得网站当中有价值的数据较多,网站利用信息交叉的特点,将数据价值挖掘出来,寻找利益增长点。

　　大数据时代的生活内容都能够用数据化方式表达出来。大数据时代出现了一种智能仪器,能够对人体健康情况进行测量,利用传感器获取人体内部的变化信息,借助大数据分析法,判断测试者的身体健康情况,具体包括体脂、情绪等数据内容。随着科技的发展,多数据化手段促进信息时代不断发展。传统环境下,对于个人信誉的查询可能难以找到准确的证据。大数据时代,更多数据化模式可以很好地解决这个问题。比如,在淘宝平台上,部分商家销售假货,雇佣网络水军,采取刷单的手段引导消费者购买,对消费者权益造成侵害。对此,阿里云可以通过获取消费者的交易数据信息,整合物流数据,测试 IP 地址,追根溯源,找到商家发假货的供应仓库。同时,利用大数据技术建立打假模型,不断完善模型体系,使得购物平台上的假货不断减少。由此可见,大数据时代,只有掌握数据,才能把握先机,从数据当中提炼价值信息,以全新的视角看世界。

　　基于大数据时代的特征,大数据时代的幸福能力是一种大数据赋值幸福的能力,人们要学会在挖掘大数据和创造大数据的过程中获得和享受幸福。大数据客观存在于世界,如同金矿一样,有待于人们挖掘,有待于人们赋予其价值。一旦人们打开了一扇新的窗户,就会发现一个新的世界。大数据赋值幸福的能力是人们创造性和创造力在大数据时代的外现,大数据时代的到来不会改变人们通过实践来实现自身价值的本质,改变的仅仅是实践的形式。所以,大数据时代的人们更要注重练就发掘和赋值大数据的能力,让自己的聪明才智和不懈努力以大数据的形式呈现出来。

(三)提升大数据预测带来幸福的能力

大数据思维让数据预测成为可能。大数据时代,对事物发展的预测可以通过数据分析和处理完成。因为大数据是由小数据组成,且数据变化速度快,因此分析之前,大量数据堆积会增加分类和处理难度。此时,快数据随之产生。比如,当用户经常利用网站观看视频的时候,网站可以根据用户喜好推送相关视频,快数据也随之产生。网站可根据顾客浏览的视频主题,分析用户喜好,实现精准推送。大数据不会受到快数据方面的影响,二者之间还可互补,可提高大数据预测结果的准确性。大数据的预测性都是在征兆的基础上产生的。利用大数据技术来收集信息,在此过程中需要分析动作规律,并且给出预判,预判速度取决于收到的数据量的多少和接收速度。大数据的预测性能够体现出时代的智能化特点。因为在大数据时代,所有事物都以数据为依据。人们在短时间内接收的数据信息出现速度快,需要快速给出判断。数据预测可以帮助人们解决生活方面的问题,依托以往数据之间的关联性,展开预测,体现出大数据预测的准确性特点。由此可以看出,大数据预测性的应用能够让人们更好地对未来发展进行预测,这也是人类思维变革的重要方向之一。

迈尔-舍恩伯格在《大数据时代》一书中指出,预测是大数据的核心,"大数据不是要教机器像人一样思考。相反,它是把数学算法运用到海量的数据上来预测事情发生的可能性"①。建立在相关关系分析法基础

---

① 迈尔-舍恩伯格,库克耶.大数据时代[M].盛杨燕,周涛,译.杭州:浙江人民出版社,2013:16.

上的预测是大数据的核心。"大数据能够收集和处理海量的人类行为数据,因此基于大数据的科学能够对复杂社会现象领域中的无限数量的动态演化的相关法则与因果法则进行分析和处理,能够对社会现象进行预测和干预。"①大数据对于如何获得幸福具有重要的预测价值,大数据可以通过对记录人们幸福状态和幸福时刻的行为表现的分析,得出人类幸福状态的行为原因和特征,从而为维系幸福做贡献。

大数据预测带来幸福的能力是大数据时代特有的幸福能力,也就是说通过大数据新技术更好地掌握幸福的影响因素和构成要素,以及更好地掌握幸福影响变量对幸福的影响关系,同时通过预测,对未来做到心中有数,从而更好地获得幸福。

(四)提升通过超越大数据带来幸福的能力

大数据时代的幸福能力是一种超越大数据的能力。大数据是为人类服务的,人工智能的快速发展将人类从更多的体力劳动领域解放出来。人类的终极幸福是实现全面自由发展,大数据正在帮助人们一步一步靠近目标。但是人们也要反思,大数据是为人们服务的,人们要有超越大数据的思维和能力,而不是成为它的奴隶。大数据让人们更好地认识自己,但是,人们需要具有超越自身的视野和气魄,因为,作为具有社会属性的存在物,人毕竟是生活在一个由很多人组成的社群中,而且人本身的有限性也决定了人无论如何都无法超越最终的宿命。人之所以为人是因为人具有反观和反思自身的能力,大数据给人们提供了一种新的视角,让人们可以换一个角度来看待自己,但人们永远都不能放弃对意义和价值的追求,因为,这指向的内心深处,是人们超越了自身来反观自身所得出的结论。超越大数据就是把大数据

① 戴潘.大数据时代的认知哲学革命[M].上海:上海人民出版社,2019:39.

作为有助于人们反思和思考的有力工具，而不是全部，人生另有目的，那就是让自己心安，让自己能够体会到自身的价值和意义，这与大数据存在与否无关。

第三章
大数据时代的"幸福茧房"

大数据时代,人们对幸福的追求更加个性化、多样化,个体对幸福的追求也容易形成"幸福茧房"。"幸福茧房"是大数据时代特有的幸福现象,本质特征是幸福窄化,就是将自己束缚在自己建构的幸福牢笼之中,看不到幸福世界的丰富性和多样性。

一、"幸福茧房"的概念来源及其内涵

(一)从"信息茧房"到"幸福茧房"

"幸福茧房"的概念建构受到信息茧房概念的启示。大数据时代,随着大数据挖掘、人工智能等新兴技术的快速发展,高度智能化的信息传播机制使得数据更精准传播成为可能,"投其所好"的大数据算法成为数据竞争中的利器,部分用户也根据喜好偏听偏见,进入了自我封闭的信息茧房,而信息茧房则更加强化了其固有需求和喜好。

1."信息茧房"的概念

"信息茧房"最早由凯斯·桑斯坦于 2006 年出版的《信息乌托邦》

中提出,指的是"因公众的信息需求并非全方位的,往往是跟着兴趣走,久而久之,会将自身桎梏于像蚕茧一般的'茧房'中,这样个体生活的多样化和趣味性极有可能被定式化、程序化所取代,人的思想、思维被禁锢在一个小圈子中会招致各种误会和偏见"[①]。咨询终端会根据个体在互联网上关注的话题,再根据个人的喜好兴趣形成特色定制,一旦这种定制成为习惯,个体将聚焦于固定的关注点,无法成为"活水",个人信息触角将被抑制生长,长此以往,个体的思想、思维也会受限于相应的"信息茧房"。以 App 为例,用户登录后,大数据算法便会诱导用户选择其最喜欢的信息板块,选择之后,系统还会根据其使用习惯和内容,通过大数据分析技术对用户的资讯需求做出判断,进而不断推荐和其兴趣爱好有关的资讯。

2."信息茧房"的特征

"信息茧房"是一种形象的比拟,主要是为了呈现人们身处网络时代所表现出的一种生活状态。通过"信息茧房"这个概念,我们大致能够想象出一幅人们置身于"蚕茧"中的画面。"信息茧房"主要有以下几个特征。

(1)"回音室"效应。桑斯坦在《信息乌托邦》中运用"回音室"这一理论描述了信息传播中的局限。他认为,"具有相似想法的人都能并且的确把自己归入他们的回音室,制造偏激的错误、过度的自信和没道理的极端主义"[②]。"信息茧房"所创造的信息空间具有相对封闭性,汇聚了社交媒体上相似的信息和同样的观点,使人们自身的想法不断被印证和强化,阻断了其他领域的信息和异己观点的表达,从而使得人们获得的只是封闭空间内被放大的回声,而不是网络空间中完整而

[①]　赵庆来."信息茧房":在形成与解构之间[J].青年记者,2021(20):26-27.
[②]　桑斯坦.信息乌托邦:众人如何生产知识[M].毕竞悦,译.北京:法律出版社,2008:6-7.

真实的声音。

（2）"新闻洞"效应。"新闻洞"概念由美国未来学家约翰·奈斯比特首次在《大趋势——改变我们生活的十个新方向》一书中提出，是指"各种媒体汇聚而成的一个封闭系统，这个封闭系统选择性地展现了社会整体面貌及其变动"[①]，反映出的是社会注意力的片面性。大数据下的社会媒体逐渐将决定权交给了个人，也让个人议程设置替代了原有公共议程设置的职能，再加上高度同质化的资讯来源，造成了人们先入为主的资讯盲点，使得许多重要的公共议题在个人议题设置中被有选择地遗漏。所以说，人们自以为的资讯自由，最后反倒成了障目之叶。

（3）"过滤气泡"效应。大数据时代的算法对我们的判断施加了无形的影响。"过滤气泡"的搜索算法，一方面取悦于我们的个人主义观念，另一方面也加强我们对某些问题的"既有看法"，排斥那些与我们"格格不入"的观点和思想，增加了社会中隐蔽的歧视行为，它让人们无法摆脱算法造成的各种偏见和意识形态的影响。

3."信息茧房"的成因

信息茧房的成因主要有以下几个方面。

（1）信息过载的社会环境。信息过载的社会环境，是智能时代"信息茧房"形成的外在驱动因素，也是其形成的主要背景因素。随着智能时代中各种信息平台的出现，人们可以借助移动智能终端自由地获取和发布信息，同时人们获取和接收信息的渠道也变得多元化，人们每天接触的信息量呈指数级增长，从而呈现信息过载趋势。但同时，人们也会因花费大量时间和精力处理冗余信息而感到无所适从。随之而来的，人们更倾向于依赖智能算法来获取更有价值的信息。但

---

① 刘华栋.社交媒体"信息茧房"的隐忧与对策[J].中国广播电视学刊,2017(4):54-57.

是,长期依赖机器算法会导致人们接触的信息源相对固定,更加被动地接受信息,而这在无形中也就编织形成了"信息茧房"。

(2)受众选择性的接触心理。受众选择性的接触心理,是智能时代"信息茧房"形成的内在关键因素。当选择信息时,受众一般都带有主观能动性,倾向于接触一些与自身意愿相似度和匹配度比较高的信息,而逃避接触与自身意愿相左或不相干的信息。同时,为了节约有限的注意力与时间,人们也更明显地倾向于接受自己喜欢、感兴趣,甚至愿意相信对自己有价值的信息,对异质、多样化的信息拒之门外。久而久之,人们接触的信息领域逐渐固化,在获取信息的过程中逐渐陷入自我封锁的境遇而失去接触其他信息的可能,也逐渐丧失与多元化思想碰撞的机会,从而沉浸于自己建造的"信息茧房"中。

(3)人工智能科技发展的负效应。人工智能科技的蓬勃发展,是智能时代"信息茧房"形成的间接因素。人工智能通过对用户的画像实现个性化信息的精准推送,通过算法与程序收集、分析用户的基本信息,为用户提供个性化、针对性强的信息内容。而个性化信息的精准推送技术是把双刃剑,因为用户使用个性化服务信息的时间和选择信息的主动性成反比,此技术对个性化信息要求的无节制满足将加深用户对信息的依赖,在一定程度上限制了用户对信息内容的选择能力,用户在不知不觉中只接触一些特定的信息,从而逐步形成"信息茧房"。

4."信息茧房"的影响

在社会共识达成的过程中,"信息茧房"具有一定的积极作用。随着现代资讯的多元化、讯息形式的碎片化,社会认同与自我认知的难度陡增。因促进社会共识传递而形成的"信息茧房",有助于社会共识的凝聚和发展。但从长远来看,"信息茧房"的不良影响更为深远,"具有信息窄化、信息迎合与信息封闭的特征"[①]。"信息茧房"固化容易导致思维定式和群体观念极化,其影响主要有以下几个方面。

(1)阻碍多元化观点的交流。人们对信息的主观过滤会导致"信息茧房"的出现,这是一种具有鲜明特点的信息世界,身处其中的人接触到的信息大概率都是自己感兴趣的,而接触到异质信息的概率极小。这种网络世界中充斥着为用户量身定做的资讯,也形成了资讯与意见的"隔离房",让用户置身在一个"隔离泡泡"之中,无法进行多元意见的沟通。尽管从原则上讲,个体拥有发表各类消息的权利,但是真正走到大众面前的通常是极少数的互联网精英。互联网媒体承载了大量的资讯,大众很难甄别资讯的真伪。于是,互联网上的"上层"与"权威性"的"知识产权"便成了网民选择的对象,而"上层"对资讯的"独占"则使大众失去了发言权。

(2)破坏了社会基本共识。整个社会需要共同经验来建立黏性,然而,由于科技的发展,个人能够自主地获取信息,这大大减少了人们的共同经历,也产生了不同的观点,冲突也变得更加激烈。这种情况下,社会的凝聚力将大幅下降,并且对共同体的稳定造成了负面影响。在社会心理学的范畴中,人们更倾向于追求"认知平衡"。如果新获得的信息与人们的认知模式不一致,人们可能会拒绝接受,或者试图根据已有的模式来重新构建。随着互联网的普及,人们不再受到传统信息渠道的限制,只需轻轻一点,就可以获取到想要的信息。通过重复使用这种方法,人们只能听到信息的回声。由于信息的不断传播,人们很难摆脱自身的知识束缚,也很难在社会中建立起具有实质性意义的共同认知。

[①]　郎捷,王军."信息茧房"对大学生思想教育的挑战及应对分析[J].学校党建与思想教育,2020(20):13-15.

（3）易导致群体极化。"群体极化"这一概念是由凯斯·桑斯坦在《网络共和国:网络社会中的民主问题》中提出的,他指出:"群体极化的定义极其简单,团队成员一开始即有某些偏向,在商议后,人们朝偏向的方向继续移动,最后形成极端的观点。"[①]"信息茧房"对异质信息的持续"排挤"使得行为个体呈现出许多定制或程式化的行为特征。在过分自主选择的模式下,个体增强行为主体满足感,然后再对不同的事务进行判断,很难理性应对,丧失辨别能力,造成个体自我认知偏差。最后,反复出现的意见使集体态度向极端偏移,而且这必将会导致强势意见的无限扩张。

5."信息茧房"的破解

"信息茧房"的困境主要是由大数据时代算法技术的个性化推送等造成的,其"突围"也需要从技术架构自身来实现。

（1）利用科学技术,刺破"信息茧房"。科技是人本质力量的外在表现,科技的开发和应用最终还是要回归到为实现人的整体发展服务。任何智能化操作背后的模型和算法均由人类自行设计,如果利用得好,算法这种智能技术就完全有可能成为戳破"信息茧房"现象的利器。创设公开透明的算法体制,遵循客观简明的推荐准则,营造开放和谐的算法平台,培养观众合理自主的判断思维,以弱化算法"舒适圈"给观众带来的负面影响,促使算法工具在受众自我发展和认知世界过程中充当物质性介质。优化算法推荐机制,运用信息化手段和分析工具全方位、全时段瞄准对象,精准刺破"信息茧房"。

破解窄化封闭,扩建"信息茧房"。作为 2020 年传媒业发展九大关键词之一的"破圈",最开始流行于娱乐圈。"信息茧房"中的"破圈"思维,就是一种相对中庸的打破"茧房"的方式,它不会彻底毁灭"圈

---

① 桑斯坦.网络共和国:网络社会中的民主问题[M].黄维明,译.上海:上海人民出版社,2003:47.

子",而是通过进一步完善和丰富自身的多元认知,形成网络结构,慢慢降低信息极化,以温和的方式走出极化圈子,从而走出"信息茧房"。它是紧跟社会的主流文化演进的潮流,通过核心内容的圈层生态适应圈层变化,从而破解"信息茧房"。"信息茧房"也有其重要特点,是指使用者接收信息后,把自己限制在一个密闭的空间中,对已知内容进行无限次的消化与重复,并孤立于自己所关心的领域之外的所有其他资讯。在使用者自织的"茧房"里,其永远保持着舒适。就拿国内自媒体平台抖音短视频应用为例,大部分用户有"看到的越多,推送的就越多"的体验感。作为一种破解之法,就是持续强化媒介素养教育,增强信息甄别力;突破信息封闭,促进信息共享融合,增强亲和力等,改变用户使用媒介的习惯。不断强化社会共享信念体系培养,解决信息窄化问题,扩大"信息茧房"规模。

扩大信息源,消减茧房负效应。融入国家立场是应对"信息茧房"的积极策略。利用网络思想政治教育来引导公众,以易于大众接受的形式传递信息,树立以社会主义核心价值观为标准的"把关人"。不仅如此,做好社会主义爱国主义教育也要以精神思辨、技能提升、能力培养、体系构建等方面作为切入点,并以此来进一步加强社会主义精神文明建设,树立正确的幸福观,从而消解"信息茧房"的负面效应,建立起一个具有自觉参与、联通互动、协同整合等特点的信息传递空间。具体来说,信息生产者要积极利用数字化链接总结集体智慧,扩大信息源;信息传播者要坚持传播伦理,稳定正确输出信息;信息接受者要培养媒体意识,增强传递信息内容的能力。大家共同营造优良的网络世界生态,积极培养具备社会主义核心价值观的良好网络伦理和行为规范。

(二)"幸福茧房"的内涵

"幸福茧房"概念源自"信息茧房",指的是大数据时代特有的一种幸福现象,在各类新媒体的引领下,人们不断被各种定制化信息所裹挟,对幸福的认识和理解日趋窄化,在追寻幸福的过程中日益陷入自我中心主义和利己主义"茧房"中,逐渐迷失自我,变成了只关注自己幸福的精致利己主义者或只关注某一类幸福的狭隘幸福主义者。人们一旦在日常生活中只注意到自己喜欢和使自己愉悦的领域,对外界的其他关于幸福的感受接受程度降低或完全屏蔽,久而久之,就将自己桎梏于蚕茧一样的"茧房"之中。

"幸福茧房"的核心要义是幸福窄化。大数据时代,大数据思维坚持"让数据说话",大数据算法等新技术的运用使人们沉溺于个人趣味和信息选择之中,久而久之也将形成新的"大数据依赖"和"大数据异化"。人们会被大数据形成的无形力量所掌控和裹挟,逐渐丧失自我选择的权利和自由,成为大数据的奴隶和大数据建构的虚拟世界的奴隶。人们将自己束缚在基于大数据建构起来的以自我为中心的虚拟幸福梦想之中,类似于历史上在"幸福就是欲望的满足"享乐主义幸福观和"幸福就是财富和金钱的积累"等拜金主义幸福观影响下建构起来的欲望幸福世界和金钱幸福世界,这些都是"幸福茧房"在前大数据时代的雏形。

二、"幸福茧房"的主要特征与症候

"幸福茧房"是基于新科学技术的发展产生的。在大数据时代以前,信息技术不够发达,信息推送不准确,个体可能会有部分主动选择行为。但随着科技的发展,大数据能获取个人兴趣和行为特征,信息推送越来越符合期待,智能算法也能够更好地施展软性控制。

(一)"幸福茧房"的主要特征

大数据能基于受众已有的信息选择历史判断受众的兴趣点所在,进而推荐与之相关或相近的内容。个体开始慢慢浸泡在"合胃口"的信息环境中,并享受着高效率带来的便捷与舒适,面对自己塑造的"幸福茧房",觉得这个茧房正好"读懂了"自己的需求。"幸福茧房"主要表现为以下特征。

1.自我中心主义幸福观

"幸福茧房"最主要的特征就是只关心个体自身的幸福。大数据时代的到来让人们把关注的视线重新调回到人自身,人类在向自身挖掘金矿银矿。幸福具有个体性,但幸福不仅仅是属于个体的事情,没有外部环境和社会共同体的整体幸福,个体的幸福难以为继。大数据时代形成的"幸福茧房"主张人们以自我中心主义的方式追求幸福,可是人们一旦过多关注自身所拥有的财富和信息,有时候反而会与幸福感相悖,这就是所谓的"幸福悖论"。幸福悖论是指"尽管人们都知道幸福是最重要的人生目标之一,但还是会经常忘记这件事,经常被其他目标分散精力,如'拥有更多金钱'"①。受"幸福茧房"的影响,人们总是习惯于为实现其他目标而牺牲幸福。

2.数据至上幸福观

"幸福茧房"最本质的特征是幸福窄化,也就是把幸福理解为某一方面的幸福,比如数字积累的幸福。蒂姆·博诺在《幸福的科学》中曾经列举了一个例子,《华盛顿邮报》的一篇文章提到,一位十几岁的少

---

① 洛格纳汗.幸福的科学:如何获得持久幸福力[M].蔡山美,译.北京:中信出版社,2018:22.

女在照片墙(Instagram)平台上拥有数百位粉丝,她不但极度关注要在上面发布哪些照片才能让粉丝称赞,还会仔细检查每张照片得到的点赞数,将未得到 100 个赞的照片统统删除。为了赢得更多的点赞数,她甚至为此专门建立了一套规则,例如会特意去评价一些人的照片,这样做的原因是对方先给了她赞赏和正面评价。作为终极的报复形式,她也可能故意给别人的照片差评。这个少女的做法就偏离了幸福追求的正确方向,甚至成了数据的奴隶。

(二)"幸福茧房"的症候

"幸福茧房"有自己独特的症候,主要体现在言语与行为方面,而且言语与行为是能够相互印证的。下面列出的几类"幸福茧房",每一类都能让特殊的群体避免难堪、走出尴尬、脱离困境。他们通过云淡风轻的语言包装,发现了和世界交流、和解的新途径。

1. "躺平式"幸福:斗志丧失,得过且过

"躺平式"幸福源自"佛系"这一概念,"佛系"一词最早出现于 2014 年的某杂志上,说的是部分社会青年由于生存压力大而形成的一种逃避现实、排解压抑、寻求精神慰藉的社会镜像。"躺平式"幸福是一种有限度的消极生活模式。它的生成机制,主要来源于个体的生活兴趣在功利化教育和生活磨难中日渐消退,人生价值观逐渐迷失,个人成长需求在资源短缺式供给中逐渐失去平衡,个人心理期待感在规则性冲突中产生了落差。个体对所有价值观都持漠视的态度,并处于一种漠然和麻木的状态中,摆出了一副无所谓的样子和以不变应万变的架势。这种"躺平式"幸福在一定程度上对个体压力和舒缓精神焦虑有着抚慰作用,但也暗含着对利益争夺和价值操控的温和式反抗。

在言语上,"躺平式"幸福奉行"不争不抢、不求输赢、有无均可"的

人生信条,看似"逆来顺受",但也折射出"看淡世事,了却凡尘"的淡泊。

在行动上,"躺平式"幸福以"不作为"作为目标计划,以"慢作为"作为实际行动,以"退作为"面对压力挑战。为人处世上不争输赢,按自己喜欢的方法做事,不在乎别人的看法;生活追求上处处以个人兴趣优先,顺其自然、随遇而安。活出一种三分调侃、七分从容的自我消解模式,通过意象、动作、文字等表达方式来实现情感释放,实现自身意义的表达。

2."摸鱼式"幸福:浑水摸鱼,滥竽充数

"摸鱼式"幸福是指通过混日子来获得幸福。"摸鱼"出自"浑水摸鱼",是"表演式勤奋",原意为趁形势混乱私自攫取利益,引申为上班期间不认真工作,从事与工作不相干的事情,多运用于上班族。后经网络发酵,也指学生上课利用手机、电脑等智能设备进行与课程无关活动,从而获得幸福的体验。

在言语上,"摸鱼式"幸福经常会有"刚喝了一杯冰美式,好苦,跟我的命一样苦""当手里的活多到不知道该从何下手的时候,我们就应该静下心来玩手机""小时候兴趣班上多了,现在完全没兴趣上班"之类的语言表征。

在行动上,"摸鱼式"幸福主要体现在从事与目标任务无关的事项,特别指的是在上班、学习期间从事个人休闲活动,从而拥有幸福的感觉。"摸鱼式"加班背后反映了网络技术对传统劳动生产过程的侵蚀,模糊了工作与休闲的活动内容界限。

现代式的"摸鱼",同以往偷懒行为有较大的差异,具有较强的隐蔽性,主要受到网络影响。网络社会里,人们的学习工作、休闲都是在网络场景中完成的,二者的转换可能只需要几个快捷键。

3."摆烂式"幸福:什么也不做,无所谓

"摆烂"这个术语最初出现在美国职业篮球联赛(NBA)中,即在比赛中选手故意输球,好使自己的名次更靠后,这样才能够在次年比赛中获得更好的顺位。

"摆烂式"幸福,指的是高度"自由"的幸福,不主动追求,抱着无所谓的态度,这样的生活方式可以,那样的生活方式也不错,觉得事情已经很糟糕了,无法使其变得更好,那就放弃努力,让其随意发展吧,一切都无所谓了。

在语言上,"摆烂式"幸福虽强调"话语创新",内核里蕴含了"丧"的基调,"垂头丧气"委婉表达不尽如人意的无奈,但依然会在荣誉和脸面的支配下尽可能维持一种"脆弱的体面"。强调"社会就是这样,我也没办法"。

在行动上,"摆烂式"幸福比较极端激进,呼吁"顺流而下",享受"不进则退"。出现了严重问题也不采取任何救援举措,而完全放任自流,"用急流勇退代替迎难而上"。类似一个罐子破了,给它涂上花纹放在窗台或者其他什么地方,把它当作一件艺术品,或者干脆什么也不画展示给其他人看。

4."网红式"幸福:流量为王,饭圈文化

"网红式"幸福来自"饭圈文化","饭"是英文"fan"的音译,而圈子是人与人之间因为工作、生活或者兴趣等种种原因所结成的社会关系网络。"饭圈"内成员会抱团、一起搞活动,参与"饭圈"的人会有一种自我认知的幸福感。这种自我认知的幸福感就是"网红式"幸福。

在语言上,"网红式"幸福是互联网普及以来自然而然出现的一种现象,体现的是从众心理和投射心理。"饭圈"语言是"饭圈文化"的重要组成部分,比如"不得不掌握"的"黑话"名词:"死忠粉"(是指对其热

衷的对象非常死心塌地的粉丝,也被称为"铁粉")、"C位"(核心位置)、"拖飞机"(其中一个人有人气,带飞其他人)、"盐系"(以帅气、酷炫和冷峻感为主的外形风格)等。

在行动上,"网红式"幸福有多种系列,随之引申出一些网络用语,如"打call"(呼喊、加油打气)、"打榜"(粉丝通过点赞、评论、转发、发帖、签到多种方式,为自己的偶像提升热度)、"空瓶"(操控评论)、"闭眼吹"(闭上眼睛故意忽视很明显的不利事实,而坚持吹捧某人或某件事)、"划水"(在团体活动中不出力、不贡献的行为)等。还有一些带有独特含义的字母组合,如"blx"("玻璃心"的缩写,形容心理素质差,很脆弱,经不起批评或指责)、"ky"(不会看时机及场合说话)、"nsdd"(你说得对)等。

三、"幸福茧房"的形成根源

(一)"幸福茧房"形成的哲学根源

"幸福茧房"的哲学根源是自我中心主义。自我中心主义由瑞士心理学家让·皮亚杰提出,他认为,人类以"我"为世界中心及起源,认为"我"所能感觉到的世界,是因"我"的出现才开始产生的。这种自我中心主义与唯心主义类似,认为世界就是自身的感觉,物质存在以意识为基础。

"幸福茧房"的形成也与大数据时代产生的"单子化"现象有关。"单子化"原来是西方资本主义文化中的个人主义盛行导致的一种特有现象。"人的单子化就是指在追逐金钱及物质私利为本性的资本主义生产方式中,每个个人以一种彼此分离的、孤立的、封闭的单子式生存方式而存在的那种状态。"①单子化主要表现为：个人与他人的割裂，表现为人的孤独化；个人与社会的割裂，单子式的人不关心社会的发展，只关心自己；个人与自然的割裂。单子化的人在处理与他人的关系上强调"自我中心论"，缺少协作意识和整体利益意识；在处理个人与社会的关系上强调"个人中心论"，忽视自身为社会发展所承担的职责与义务；在处理个人与自然的关系上强调"人类中心论"。如同法国思想家阿历克西·德·托克维尔曾提到的，个人主义者因对自己的力量怀有傲视一切的信心而无所顾忌地表现出只顾自己而不顾其他人的行为方式，他们关切的目标收缩为自我利益和以我为中心的小圈子，孜孜以求的是自己的成功，对公益漠不关心，对竞争的落伍者冷酷无情，人与人之间像霍布斯所说的是狼与狼的关系。

人类有自我中心主义和自恋情节，幸福本身也是人类创设的概念，在创设幸福的时候更多地考虑自身因素，这也是主观幸福论的一种表现，体现了幸福的相对性。在大数据条件下，"幸福茧房"的出现是个体在海量信息面前对人类需求追求的必然结果，是人类对幸福生活的一种自我调节与防御机制。个人在追求这些需求的同时，不断地塑造着适合自己实际需求的"茧"。每个人的"茧"大小不一，内容也不尽相同，达到了每个人在生活中所需要的一种平衡。对于幸福的追求也是这样，人们不断塑造着适合自己各类需求的茧，让自己活在一种比较舒适的状态。

(二)"幸福茧房"形成的社会根源

"幸福茧房"形成的社会根源是大数据记载了人们的行为信息，让人们更多地关注自身行为，形成了以自身数据为核心的人生关注点。

---

① 杨超.当代西方价值教育思潮[M].广州：中山大学出版社，2011：111.

同时,人类行为具有社会性,想以社会认可的方式呈现在社会公众面前,从而得到公众的认可与赞赏,容易导致跟风和流行现象,而不是去客观评价其是否真的能够带来幸福。《易经·同人》篇里,就有文曰:"同人于野,亨,利涉大川,利君子贞。"意思是,如果人人聚在一起,齐心合力,就算遇到天灾人祸,也会化险为夷。因为人是群体性动物,作为群体之间沟通的必要环节,语言和生活方式共享是个体融入社会的基本要求。尤其是处在大数据环境中,若想真正融入社会并和社会中的人友好相处,必须先了解想要融入的群体的语言和兴趣爱好,否则就会受到相应的排斥。每个人都可以根据自身的兴趣爱好选择自己想了解和想进入的"茧房",并维持"茧房"的存在。

(三)"幸福茧房"形成的心理根源

20世纪40年代早期,选择性接触即选择性注意现象被发现。当时,传播学领域的著名学者保罗·拉扎斯菲尔德和罗伯特·金·默顿发现,一个试图提高美国各个国家移民之间相互理解的广播节目很难达到预期效果,主要原因是当时美国观众一般都不接受和自己母国文化不相关的节目。直至后来拉扎斯菲尔德等人对事关美国1940年大选中选民怎样做出决定的"人民的选择"进行研究,选择性接触概念才被真正提出。在这一经典理论中,拉扎斯菲尔德等人发现,在整个选举期间,大多数选民总是保持着原有的选择意愿,没有完全受大众传播方式和力量的影响。之后他们提出一系列的理论假说,其中选择性接触这一概念在"选择性接触"假说中被正式提出。

人类本身具有选择性接触心理。人们最初的观点在很大程度上影响着他们的媒介接触行为,个体更倾向于了解一些和自己最初主张、看法相同或相似的东西。选择性接触的结果很有可能是强化了原有立场。选择性心理导致了"幸福茧房"的初步诞生。

(四)"幸福茧房"形成的技术根源

"幸福茧房"是科学技术不断发展的必然结果。今天的技术、平台及传播模式等,都有可能作用于个体的信息选择、过滤过程,"幸福茧房"的最终形成是多重技术因素共同作用的结果。

大数据时代,网络通过各种算法推送个体愿意看到、喜欢看到的、感兴趣、认可度高的观点。大数据影响了个体的生活,使其自我认知的世界和外面真实的世界不再是一个高度。而被异质过滤后的幸福需求也是通过不同算法推送到个体面前,让个体默认这些"幸福"确实是自己所需要的。这种感受到的幸福不再是内心需要的幸福,而是被大数据裹挟后逐渐幻化出一个自以为真实的世界、真实的幸福,这就是"幸福茧房"。正如彭兰教授在中国新媒体趋势发展报告大会上指出的,"如果说早先受众或许还会因为信息推送不准确而采取主动的对抗行为,那么当智能算法本身经历不断迭代,信息推送越来越符合期待后,受众便会沉浸在'合胃口'的信息环境中,享受高效率带来的便捷与舒适"[①]。

四、"幸福茧房"的不良影响

"幸福茧房"从短期来看对个人有一定益处,它可以使个人内心获得一定的满足;但是从长远看,"幸福茧房"更多的是阻碍了人们追求幸福。

(一)概念固化,反向塑造强

当下,信息的传播途径和传播数量急剧增加,信息传播技术的开

---

① 王瑞."信息茧房"的实质、成因与突围之道[J].青年记者,2020(36):23-24.

发和应用打破了信息传播闭塞的桎梏,微博、抖音等网络平台成为民众获取信息和发表言论的重要途径。一方面,随着大数据算法的强势崛起,智能推荐系统为用户提供了更精准、更个性化的资讯选择;另一方面,它在改变传统行业的同时,也让人们受到互联网的凶猛进攻,这时幸福观变得更易引导、更趋于一致,人们对幸福感也没有了更深入的了解。人们逐渐接受同一个幸福的观念,认同同一个幸福的含义,而忘记这种幸福是否为自己内心所追求的,是否为自己真正需要的,幸福的概念逐渐固化成型。

同时,"幸福茧房"对个人的反向塑造及桎梏作用非常明显。人们逐渐生活在数据和别人的世界里,接收的信息已经不是在保护个人,而是在反向塑造人,它支撑着个人的思想,一旦脱离,人就会感到慌张,感到空虚。即使是在别人看来很明显的"不幸福",因为没有人及时指出正确方向,个人所处的环境和信息言论也会维护现状,同时不断反向告知个体"这就是幸福"。

(二)信息窄化,多元性消失

在"幸福茧房"中,大家话题大致相同,接触的信息基本相似,逐渐形成相同的价值观和价值取向,社群的"群体意识"和去个性化的"从众"心态迅速发酵,个体自愿跟群体保持一致,从而容易形成一个较强势的同质性信息场域。同时,算法推送本身缺乏对新闻内容进行精准理解和价值判断的能力。同一新闻事件经常会在同一时间被不同媒体反复推送给用户,甚至同一媒体在不同时间也会如此。这导致用户所接收到的新闻内容范围越来越窄,缺乏多样性。在看似丰富的信息洪流中自觉或不自觉地接收大量同质化信息,从而导致实际性的信息窄化。

另外,幸福概念本身就具有多样性,幸福指标也一度发展出几十种甚至上百种。从长期发展来看,对于没有幸福概念的人,面对多渠道和庞大的数据,从快感中盲目选择一种作为幸福指标是不负责任的表现。而在"幸福茧房"里生活的人与外界的交流会越来越少,社会观念日益同质化,人们对于幸福的认识也越来越趋同,对于其他多元的幸福不闻不问,生活缺乏了乐趣。

(三)幸福偏食,群体观念极化

"幸福茧房"必然存在着"幸福偏食"的现象。长期偏食是一种错误的饮食习惯,容易造成人体功能发生障碍或饮食结构失调。同样的,偏爱特定类型的资讯与感受容易造成"幸福偏食",导致认知结构失衡,进而影响幸福感觉。智能推送可能会加剧这种现象,引导用户只接触某一类别的信息,从而产生类似的记忆和体验,打破用户的认知平衡。

美国传媒学者詹姆斯·斯托纳在 1961 年提出了群体观念极化的理论,认为当在某群体中就某一问题的决定进行协商之后,最终选取的不是折中的观点,而是比讨论之前的每个人的决定更极端、更片面的观点。在"幸福茧房"中,因为个人本身的认知思维受到局限,所以其观点和看法往往是盲目和不全面的。如果在这种情况下得到同处于"茧房"中的其他个体的赞同,可能会加强个体对于自己偏见的信任和依赖,进一步强化个体的认知结构,也可能导致心智未发育完全者出现畸形的审美和价值观。这种"自信的偏见"还会造成个体和其他群体之间在沟通上的巨大障碍,从而导致群体极化现象的出现。此时的"幸福茧房"就不再是一个孕育幸福的"保暖箱",而是一个激化矛盾的"怂恿者"。

五、"幸福茧房"的破除机制

在谈到学习目标时,瑞士心理学家让·皮亚杰曾写道:"教育的终极目标是在知识上和感情上克服自我中心主义。"[①]作为以自我中心主义为主要特征的"幸福茧房"的"破茧"方式一方面离不开幸福教育,通过幸福教育,个体能够不断提高自身素养,不断深入了解自身的内心需求,实现突围;另一方面寄希望于各类媒介平台不断改进算法,通过更加丰富的方式为个体提供服务,让幸福更实实在在。

(一)思想方面:强化理想教育、加强正面引导

追求幸福是人类社会的永恒课题,而实现全人类的幸福是马克思主义追求的终极目标。实现全体人民的幸福生活是中国共产党的根本追求,也是社会主义的真谛所在。

要破除"幸福茧房",首要策略就是置身于国家大局中,用理想信念引领人民共同向着美好生活努力前进。积极开展思想政治教育,提倡开放民主、理性文明、合作共赢,反对狭隘、极端心理,积极处理好梦想和现实、利己和利他、小我和大我以及人类与社会之间的关系,为群众谋求最大福祉,争当大格局青年。培养青年一代健全的人格,增强思想认知,提高政治站位,以马克思主义世界观、人生观、价值观武装头脑,扣好人生的第一粒扣子,走好未来道路。引导青年一代正确表达自己的爱国热情,以开放的心态接纳与包容网民的创作表达,提倡多样化的网络承载形式,用独特的网络文化彰显爱国主义情怀。

---

① 瓦格纳.教育大未来[M].2版.余燕,译.海口:南海出版公司,2019:245.

(二)心理方面：建立多元快乐、加强幸福教育

从传播学中的"守门人"理论和"议程设置"理论角度来讲，个体对自己期待的事情更钟情，注意力也更集中于自己倾心的内容。因此从个体自身入手，实现自我革新与突破也就非常必要。智能算法推送已经成为趋势，因此，个体在心理方面也要做好和"茧房"更长时间相处的准备。但是，为了摆脱"茧房"束缚，个体也要不断努力扩大"茧房"的范围，努力获取更广阔的选择自由度，从而逐渐实现自主选择。

一方面，要建立"多元快乐"观。"幸福茧房"的形成主要是由于人们在信息选择时存在"偏食"现象，要想完全破除"幸福茧房"，就必须建立多样化的信息获取途径，吸收多种多样的信息营养，进而在信息互动中完成自身信息素养的提高。

"茧房"是媒介使用轨迹和痕迹不断累积造成的。要想改变现状，个体需要不断尝试改变自己的媒介使用习惯，主动拓展信息接收渠道，让智能算法难以在短时间内框定一个具体而狭窄的范围，从而无法迅速加固"茧房"壁。另外，个体可以尝试"重拾"传统媒介，通过广播、电视、报纸等获取信息，因为传统媒介使用行为一般难以被智能算法察觉或记录，"茧房"的信息累积速率会比较低。同时，个体也需要尝试摒弃对虚拟信息交流平台的依赖，将更多的时间投入真实世界，并进行面对面的信息互动。与更多不同类型的社会人群开展交流沟通，并在过程中调用丰富的资讯传播方式，进而开阔观点视域。对于个体而言，即使身陷"茧房"，也要有全面的认知，不要盲目跟随别人的意见和建议，建立自己强大的信息触角，继而更好地规避"幸福茧房"的发生。

另一方面，要加强幸福教育。幸福认同指认同什么样的幸福观，也就是关于幸福是什么、由什么构成、怎么获取统一性认识的引导和

培育。幸福的多元文化,所包含的并不是个人主义幸福观、享乐主义幸福观、功利主义幸福观、社会虚无主义的幸福观和新自由主义的幸福观教育,而是积极的幸福文化。要积极将幸福教育作为特殊教育内容的一种教育形式,通过直接理论教育改变幸福教育观念缺失的问题。将幸福观教育纳入思想政治教育课程,创新思想政治话语体系,弘扬主流意识形态。

(三)社会方面:强化媒介责任、加强监管力度

在实际生活中,我们经常会遇到早上刚谈论过关于某方面的内容,晚上抖音等 App 便开始主动发布或推送相关信息的情况;也有些 App 诱导或欺骗用户让渡自己的隐私权,如果用户不同意相关协议,就无法使用该 App。部分不同品类的应用程序之间似乎实现了"信息共享",使用者深陷其中,种种同质推送使使用者感到厌烦。而且随着使用次数的不断增加,"茧房"之壁会愈加坚固,用户也慢慢地如"作茧自缚"一般,将自己牢牢束缚其中。因此,要加强对智能媒介的监督管理,逐步使人们脱离手机、网络无形的负面影响。

(四)技术方面:破除大数据异化、扩建"幸福茧房"

破解"算法传播"形成的"幸福茧房",也需要从平台技术等方面发力,重视网络生态建设,营造一个风清气正的网络空间。

首先,要抵制大数据异化对人的负面影响。劳动异化让人成为资本家的剥削对象,大数据异化则让人成为数据的奴隶,丧失了独立思考和思辨的能力,创造力和感知力的丧失最终导致幸福感的丧失和弱化。

其次,要考虑帮助用户增加异质的信息源。人们的信息获取范围

与社会关系有关,而背后是这些关系所依存的社会化媒体平台的机制在起作用。尽管人们的关系选择是自由、自主的,但社会化媒体平台的关系结构(如强弱关系、同质、异质关系)是由平台产品设计决定的。一些平台很容易带来同质的、封闭的信息环境,有些则相反。

最后,积极推动人们关系的流动而不是固化,也是平台在打破"幸福茧房"方面努力的方向。媒体要维护公众利益,保持公共价值,提供全面平衡的信息。如果这些内容断供或欠缺,那么无论算法和平台如何优化,人们都无法获得对社会环境充分、全面的了解。

第四章
大数据时代的幸福疏离

　　大数据时代在给人们带来便利的同时也带来了另外一种幸福现象——幸福疏离。幸福疏离主要体现为幸福感的缺失。在大数据时代,物质和信息丰盈,人们的社会生活较以前有了很大改善,生活环境和社会环境都变得非常美好,但有些人就是感觉不到幸福,这就是一种幸福疏离现象。

一、幸福疏离的概念来源及其内涵

(一)ChatGPT 问世引发的幸福思考

　　2022 年 11 月,美国人工智能公司 OpenAI 研发的聊天机器人程序 ChatGPT(Chat Generative Pre-trained Transformer)一经推出就引发了全球关注。在推出约两个月后,2023 年 1 月,其月活跃用户数已达到 1 亿名,成为历史上用户数增长最快的消费者应用程序之一。专家预计,ChatGPT 不仅是新一代聊天机器人的突破,也将给信息产业和人们的生活带来巨大变革。

ChatGPT 的全名是 Chat Generative Pre-trained Transformer，翻译过来就是生成型预训练变换模型的意思。作为一个由人工智能技术驱动的自然语言处理工具，ChatGPT 可以通过学习和理解人类的语言来进行对话，还能根据聊天的上下文与用户进行互动，像人一样与用户聊天交流。而且 ChatGPT 不单是聊天机器人，它还可以根据用户不同的需求，完成撰写邮件、论文、文案，或是进行翻译、编写代码、查找 Bug 等任务。2022 年 9 月，红杉资本官网发表了一篇题为《生成式人工智能：一个创造性的新世界》（"Generative AI：A Creative New World"）的文章，把人工智能（AI）分成两类：分析型 AI（Analytical AI）和生成式 AI（Generative AI）。这篇文章将擅长分析事物的人工智能称为分析型 AI，比如人脸识别、数据分析，乃至抖音的个性化推送等技术，涵盖推荐算法、计算机视觉、自然语言处理等技术。而生成式 AI 则开始尝试创造一些有意义的东西，ChatGPT 就是一个典型的生成式 AI。生成式 AI 可以处理的领域包括知识工作和创造性工作，而这涉及数亿的人工劳动力。生成式 AI 可以使这些人工劳动力的效率和创造力大幅提高，他们不仅变得更快和更高效，而且比以前更有能力。

与平日我们所接触的聊天机器人相比，ChatGPT 一改传统 AI 机械、呆板的弱点，在回复大多数问题时不仅逻辑清晰、极富条理，而且还能根据上下文展现出极强的关联性和互动性，这是 ChatGPT 爆火的原因。更夸张的是，它的回复很少给人以传统聊天机器人"复制粘贴"的机械感，ChatGPT 的回复内容更像是经过思考后再组织的语言，与 ChatGPT 有过互动的人甚至会觉得聊天框的背后坐着一个真正的人。

一项调查显示，截至 2023 年 1 月，美国 89％的大学生都已使用过

ChatGPT 来完成作业,有人凭借 ChatGPT 所写的论文拿下了班上的最高分。斯坦福大学等高校的学者经过测试后表示,ChatGPT 已经拥有人类 9 岁左右的心智,宾夕法尼亚大学则称 ChatGPT 已通过了该校工商管理硕士(MBA)课程最近一次的期末考试。上线仅数日时间,还不能算作独立的消费级互联网产品的 ChatGPT 就狂揽 100 万用户,Facebook 用了 305 天才实现这一规模;突破 1 亿月活用户,ChatGPT 仅用时不到两个月,而 TikTok 耗时 9 个月。另据调查,2023 年 1 月,全球多所大学要求师生禁止使用 ChatGPT 等一切 AI 工具,旨在防止学术欺诈和剽窃。

　　ChatGPT 风靡全球也引发了教育家的思考。国家教育咨询委员会委员、国务院教育督导委员会总督学顾问、北京师范大学原校长钟秉林教授认为,ChatGPT 技术虽然具有提高高等教育教学质量的潜力,但它终究只是一个智能工具,不可能完全替代教师。教师要始终关怀学生的发展,不要过度依赖人工智能的发展。要教会学生思考与创造,不能仅满足于知识获取的便利性;要训练批判性思维,不要满足于算法推送的现成答案。面对以 ChatGPT 为代表的人工智能新技术带来的新挑战,钟秉林教授倡导"我们要坚持以人为本的教育初心,保持敏锐的目光和理性的态度,密切跟踪信息技术与教育教学融合的发展趋势,通过多样化的实践探索,不断改善和提升高等教育教学质量和效率,让人工智能技术成为促进教育数字化转型和实现教育信息化的新动力,成为人类进一步释放想象力和创造力的新起点,成为增进人类福祉和国家繁荣昌盛的新基石"[①]。物理学家、中国科学院院士、浙江大学校长杜江峰在浙江大学 2023 年春季研究生毕业典礼上指出,当前以人工智能、自动化为代表的新一代新兴技术加速突破应用,

---

① 钟秉林,尚俊杰,王建华,等.ChatGPT 对教育的挑战(笔谈)[J].重庆高教研究,2023(3):3-25.

科技从来没有像今天这样跟我们的学习、工作、生活结合得如此紧密。ChatGPT 风靡全球并悄然改变着教育生态、创新范式。但正如 ChatGPT 自己承认的那样，它并非无所不能。ChatGPT 的优势在于算力、算法，而人的优势在于创造力、责任感、思辨性。

ChatGPT 对人们的生活产生巨大影响，势必会影响到人们的幸福问题。ChatGPT 或许能够更快速、更高效地为人们提供相关问题的答案，甚至超越人脑做出的反应，但很多时候，人们需要的并不仅仅是答案，而是得到答案的实践和思考过程，这个过程也就是信息跟人们大脑之间的碰撞、联想、火花，而幸福就蕴藏在这一过程中。一条信息能够给予人们的启发、思考和意义，也许比答案本身更为重要。答案本身并不是幸福实践活动的最终目的，为获得答案付出艰辛努力带来的充实感以及获得答案之后带来的获得感才是幸福的真谛，这个过程是基于人们不同的价值观、人生观、理念的一种社会实践活动。ChatGPT 可以替人们写文章，但也剥夺了人们在实践过程中寻找幸福的权利，它所提供的答案表面上为人们提供了"方案"，但没有和大脑发生碰撞、联想的答案是人们没有参与感、没有获得感、没有意义、没有幸福感的答案。

从幸福维度出发，ChatGPT 引发了人们关于幸福的新思考，我们把以 ChatGPT 为代表的人工智能作为提升人们幸福能力的新工具，但幸福的真正根源还是来自价值理性，人们要在人工智能工具的帮助下选择尝试新的幸福探索，让幸福插上人工智能的翅膀。

(二)人工智能带来的幸福冲击

1.人类被人工智能替代的风险增大，人类自身安全受到威胁

大数据时代是人工智能飞速发展的时代，任何科学技术都存在着

两面性,人工智能也是如此,我们应该看到人工智能高速发展的背后存在的潜在威胁。人工智能是人类实践产品的客体性存在,然而其发展越来越趋向于具有主体性的存在。如 2017 年 10 月 25 日,机器人索菲亚被授予沙特阿拉伯王国公民身份,这使得越来越多的人开始担心人的主体性存在的问题,即"人"的概念与机器概念的融合。当前人工智能大都还处于初级低智能阶段,在这一阶段人们往往只对那些带有类人的实体外形的机器人或者某种对象化的人工智能赋予人格。但这一层面模仿的人工智能体已可运用于实际战场,这些人工智能体与人不同,它们不会疲累、不会饥饿,没有思想、没有感情,有可能会对无辜生命造成伤害。在这个高度模拟化的过程中,会存在人工智能不受人类控制的可能,人工智能可能与人类形成竞争甚至是敌我关系,此时,人类安全将受到实际威胁,并最终有可能被替代。

2.人工智能的迅速发展会导致人类新的异化,人类的幸福感和价值感受到冲击

马克思主义认为,人的本质是一切社会关系的总和,当人们慢慢脱离这些社会关系时,人就失去了人之所以为人的本质。随着人工智能技术的快速发展和产品的更新换代,人类自身容易发生新的自我异化。人工智能的发展一方面将人类从繁重的体力劳动中解放出来,另一方面也给人类带来了一定程度上的生存压力,大多数简单机械化的岗位不断地被人工智能所取代。以前需要几百个人做的工作,现在只需要一个技术人员和人工智能工具就可以完成,导致从事简单机械作业工作的体力劳动者大量失业。体力工作者的失业进一步导致贫富差距的扩大,使社会矛盾激化。随着人们生活时间的碎片化、空闲化,为缓解压力,更多人会选择逃避,脱离人群,也逐渐脱离社会关系,逐步走向异化。在这种生活环境下,人类群体的实践能力逐渐弱化,可

被人工智能替代的工作越来越多,甚至是一些必需的生活劳动,人类也可以通过指挥人工智能机器来完成。这就好比电脑工作者在长期敲打键盘后遗忘了书写的技巧,长期点外卖的人失去了做饭的能力一样。质言之,人工智能在带来便利的同时也在一程度上弱化了人类自身的实践能力。从人的本质出发,无论是出于生存还是寻求归属感,或者更深层次的自我价值实现的需要,人都是需要交往和走出去的。人类的生活空间随着人工智能的快速发展和普及被逐渐压缩,因为有了人工智能这样可以供消遣和娱乐的工具,人类越来越不愿意走向真真切切的人群、走向社会,人类之间的交往也慢慢从社会交际走向网络交友,从现实走向虚拟。个体的人越来越难在群体中找到归属感和成就感,导致人们不断在自我迷失中感受到异化的孤独。与之而来的还有人们情绪的多变、思想的固化和心理的偏差。也就是说,人工智能的飞速发展和高频使用使人们在获得更多闲暇时间和空间的同时,也承受着加倍的生存压力;面对压力,会有人选择利用虚拟的人工智能逃避生活。人们迷失在人工智能提供的便利的惬意的生活之中,也会渐渐减少现实中的人际交往和社会实践,进而被人工智能所异化,产生新的不幸福。

3. 人类部分工作因被人工智能代替而消失,致使人的使命感和创造感受到冲击

人工智能作为一种智能劳动工具,其应用在很大程度上提高了生产效率,缩短了产品生产周期,进而提高了资本周转速度和剩余价值率。与传统的机器相比,人工智能机器更加高效、更加智能、更加便捷,很多操作流程和实施工艺,人工智能机器可以脱离人的辅助而独立运行,并且它的工作效率远远高于同类的劳动者。随着科技的进步和人工智能的不断研发,智能机器也不断更新换代,从第一代机器人到第三代智能机器人,智能机器的技术越来越成熟,功能越来越齐全,

自主性和适应性越来越强。由于这些智能机器的应用,无人车间、无人工厂等纷纷出现,一部分劳动者正在面临失业的风险。随着人工智能的不断发展与广泛使用,大约50%的人类工作将会受到人工智能的影响,其中翻译、助理、保安、销售、客服、会计、司机、家政、法律顾问等几种职业,预计将有90%的从业者被人工智能所取代。智能机器的飞速发展引起全世界的广泛关注,科学家史蒂芬·霍金曾在2015年预言,人工智能将在百年后超过人类。当前,在部分行业,有一些机械化的简单劳动已经被智能机器所替代。缺乏技术性和创新性的劳动者被日益完善的智能机器所排挤,沦为"相对过剩人口"。这些失去工作的劳动者变成了无所事事的游民,这致使他们的主体性日渐丧失。因为人是通过劳动来实现自身发展的,没有劳动就无法确认和保证人的生命价值与意义,更别说体会到劳动的幸福,人工智能最终会对人类使命感和创造感造成冲击。

(三)大数据时代幸福疏离的基本内涵

1.疏离感的概念界定

"疏离"一词来源于拉丁语的"Alienatio"(异化、外化、脱离)和"Alienare"(转让、异化、分离、让异己的力量统治、让别人支配)。在英文中是"Alienation"(疏远、转让、异化、精神错乱),德文使用的是"Entfremdung"(疏远、异化)。"Alienation"一词引入心理学后,多被翻译成"疏离",主要指社会成员心理上的无力、疏远、冷漠感,强调的是个体主观上的心理感受和体验。当然,就"Alienation"一词在心理学中的定义来说,不同的研究者对它有不同的界定。在我国,"Alienation"翻译成中文是"疏离感",一些研究者也翻译为"自我疏离""自我疏离感""自我疏外"等。由于翻译和理解的角度不同,对疏离感的定义也未统一。张春兴对疏离感的定义是：疏离感是指"由于社会变迁和都市工业化的影响，使人与其生活环境间失去了原有的和谐，终而形成现代人面对其生活时的疏离感"①。疏离感是一种复杂的心态，包括四种情感成分，即社会孤立感、无意义感、自我分离感、无能为力感。国内研究多采用杨东和吴晓蓉对疏离感的定义，即疏离感是指"个体与周围的人、社会、自然以及自己等各种关系网络之间，由于正常的关系发生疏远，甚至被客体支配、控制，从而使个体产生了社会孤立感、不可控制感、无意义感、压迫拘束感、自我疏离感等消极情感"②。他们认为，疏离感包括两层含义：第一层是疏离感的原始含义，主要是指由主体与客体之间的疏远、距离和不和谐等而产生的一些消极情感；第二层主要是指疏离感扩展和转化以后的含义，包括转让、异化、分离、让异己的力量统治、让别人支配等含义，其产生的基础还是与客体之间的疏远和不和谐。疏离感的第一层含义和第二层含义有两方面不同：一方面是和主体疏离的客体不太一样。第一层含义的客体是更直观、清楚的存在，如亲人、朋友、自然等；而第二层含义的客体显得更抽象、模糊，如社会文化、人的和谐发展、个人存在的价值和意义等。另一方面是由疏离感所产生的情感的抽象水平不同，或者说产生的直接、间接方式不同。第一层含义的疏离感产生的情感更直接地表达了主体与客体之间的关系，其产生的情感是直接的，如孤独感、距离感、异和感等；而第二层含义的疏离感产生的情感更抽象，变得更富有深意，其产生的情感是间接的，如：无规范感（与文化、价值之间产生的疏离感）、压迫拘束感（与工作、人的和谐发展之间产生的疏离感）、不可控制感（与异化相对）等。

---

① 张春兴. 张氏心理学辞典[M]. 2版. 杭州：浙江教育出版社，2019：28.
② 杨东，吴晓蓉. 疏离感研究的进展及理论构建[J]. 心理科学进展，2002(1)：71-77.

2.大数据时代幸福疏离的定义

迈尔-舍恩伯格在《大数据时代》中提出,大数据的精髓在于我们分析信息的三个转变:是全部数据,而不再依赖于随机采样;是大体方向,而不再热衷于追求精确度;是相关关系,而不再热衷于寻找因果关系。① 大数据在满足人们生活需求的同时,也带来了许多的烦恼和焦虑。以我们身边的外卖骑手为例,外卖员每跑一单的数据都会被上传到平台的云数据里,作为大数据的一部分。在骑手配送的过程中,平台系统通过智能手机、平台软件收集来自骑手、消费者、商家、商圈的数据,并将这些数据作为大数据的一部分,通过大数据算法再应用到配送定价、骑手匹配、预计时间、路线规划、全程监控、量化考核等管理中。"数据"从不同的外卖骑手配送相同路线的时间中找出最快的,并将这个最优解下的最快时间作为此段"路线"的规定配送时间,大数据让骑手越跑越快,而骑手们在超时的惩戒面前,也会尽力去满足数据的要求,外卖员的配送越来越快,也变相帮助"数据"增加了越来越多的短时长数据,当"数据"发现原来大家都越来越快,它也会再次加速。一个离开外卖员行业的骑手提到,这个行业给人带来的时间的压迫感和数据的压力是人们想象不到的。大数据让外卖骑手产生了一种自我的分离以及不可控制感、压迫拘束感。与大数据有关的还有抖音,抖音的爆红无疑是一场大数据驱动的胜利。平时生活中会有不少人每天使用手机时长超过 12 个小时,有一半时间都耗费在抖音上,也会有人感觉抖音的每个短视频都正戳兴趣点,自己是越刷越上头,完全停不下来。一切以数据为导向的字节跳动,正在用数据来"算计"每一位用户,抖音会实时地记录用户对某个视频的点击、播放、停留、关注、评论、点赞、转发等行为,并根据这些特征对离线或实时的数据进行

---

① 迈尔-舍恩伯格,库克耶.大数据时代[M].周杨燕,周涛,译.杭州:浙江人民出版社,2013:17.

收集并进行计算,通过给每位用户建立"大数据"并根据算法进行精准推荐,让每位用户离不开抖音。但在刷完抖音后,绝大部分人会觉得浪费时间、毫无意义,并产生一种与现实世界割裂的虚拟感、疏离感。

根据前文对大数据时代和幸福的定义以及疏离感概念的界定,结合外卖骑手和抖音用户等实例,我们从大数据背景下主体与不同客体之间产生的不同疏离感的研究角度出发,将大数据时代的幸福疏离定义为:原来能够给人们带来幸福感的社会实践活动或社会性事物,在大数据时代却让人感觉不到幸福。当人们进入大数据时代的时候,其自我认同、归属感、自尊或是自我认知意义等,往往可能会受到冲击,因而影响其心理状态。高幸福疏离的人会感觉到周遭事物、机制或机构所产生的现象,对其生活和幸福而言无意义,也无力加以影响,因此产生一种被孤立并与其格格不入的感觉。大数据作为一种新技术和新的思维范式,其运用造成了个体与周围的人、社会、自然以及自己等各种关系的疏远,人们在大数据的冲击甚至支配控制下,产生了孤立感、不可控制感、无意义感、无能为力感等消极情感,从而感受不到幸福。

二、大数据时代幸福疏离的主要特征、表现形式及其不良影响

(一)大数据时代幸福疏离的主要特征

大数据时代的幸福疏离源于大数据对人们生活方式和思维方式的改变,而人们的生活方式和思维方式往往还停留在大数据时代以前,主要特征如下。

1. 大数据时代的幸福疏离具有隐蔽性

无意义感是幸福疏离最典型的特征,无意义感会给人们带来空虚和焦虑,但因为幸福疏离具有隐蔽性特征,更多的是人们内在的心理活动,外在行为较难被觉察,所以容易对人造成较大伤害。大数据对我们生活的渗透和影响是潜移默化和悄无声息的,在某种程度上我们很难定义这种影响一定是好的或者一定是不好的,从前文中讲的外卖员的事例中我们可以得出,大数据可以优化送外卖的各个环节,从而帮助外卖员增加送单量,从而获得更高收入,外卖员在大数据的控制下不停地送外卖,只有在休息或者逃离大数据的时候,他们才会感觉到大数据造成的无能为力感、无意义感,这种幸福疏离的感觉当沉浸在大数据中时是很难发现的。

2. 大数据时代的幸福疏离具有虚拟性

大数据时代之前的人们也会产生疏离感,但这种疏离感往往是具象化的,不幸福是由具体事物造成的。而在这个"以数据为王"的时代,部分网红或者明星也会因为自己微博、抖音的粉丝数量感到焦虑,我们也可能会因为他人在小红书、微博等社交软件的各种分享而感到焦虑。不管是网红的粉丝数量还是"别人的"小红书分享都是存在于虚拟世界中的,与我们本无直接关联,如果过度关注这些虚拟数据,甚至把这些虚拟之物作为生活和世界的中心,久而久之就很容易造成幸福疏离。

3. 大数据时代的幸福疏离具有多样性

拉杰·洛格纳汗在《幸福的科学:如何获得持久幸福力》中提出了毁掉幸福感的 7 个"幸福杀手":贬低幸福的价值;追求优越感;拼命渴望爱;控制欲太强;不信任他人;强迫性地、冷漠地追求目标;过度思考。大数据时代之前的幸福疏离大多来自这些"幸福杀手",诸如亲人离别、职场失意、感情破裂等生活中常见的不幸。大数据时代的到来让产生幸福疏离的形式变得多样化：我们会因为数据的分享和快速传播导致的信息过载而感到不安，会因为沉迷抖音而感到毫无意义；外卖骑手会因为困在数据里感到无力；等等。有时候幸福疏离还伴有"快乐"假象，比如沉溺于网络游戏所构筑的虚拟世界等。大数据时代的幸福疏离与大数据时代之前的幸福疏离最本质的区别就是，大数据时代前的幸福疏离就是由于大数据的数据剩余、数据依赖或数据安全等因素，人们感受不到幸福和价值；而大数据时代的幸福疏离有时候会在"快乐"中产生，这个"快乐"可以是前文中提到的刷抖音短视频，刷视频产生的短暂快乐实际上伴随着幸福疏离的产生，同样的状态也会在沉迷网络游戏、沉迷社交软件、沉迷于大数据给人类社会"算计"出来的短暂"快乐"中产生。

4. 大数据时代下的幸福疏离具有普遍性

大数据时代之前的幸福疏离是人们较容易掌控并可以想办法解决的，现实生活中遇到感情的不顺通过转移注意力总会慢慢好起来，但是在大数据时代下产生的幸福疏离具有普遍性，人们较难逃脱。曾有学生表示，她曾多次尝试把抖音删除，但总在 24 小时之内重新下载，抖音里面搞笑的段子和各种她感兴趣的视频召唤着她回到数据构建的世界。还有人们经常遭遇的"大数据杀熟"，同样的商品或服务，老客户看到的价格反而比新客户要贵出许多。有时候即便我们知道"大数据杀熟"也很难逃脱，我们手机中的购物 App 首页总是我们最感兴趣的内容。大数据时代幸福疏离的普遍性也与大数据时代的安全隐患有关。IBM 发布的《2022 年数据泄露成本报告》显示，大数据时代下的数据泄露已经成为一个普遍性的问题。近年来，数据泄露等重大网络安全事件频发。酒店集团万豪国际集团已经多次被黑客"光顾"，规模最大的一次数据泄露发生在 2018 年。攻击者从 2014 年开始访问其宾客数据库,暴露的记录包括姓名、电话号码、护照详细信息、邮寄和电子邮件地址、客人的抵达和离开信息。2021 年,随着黑客在论坛上发布了一个包含 5.33 亿用户敏感数据的泄露数据库,Facebook 特大数据泄露事件浮出水面。随着数字化的快速发展以及对人们日常生活数据的抓取和再开发,大数据时代下的数据泄露造成的幸福疏离也是一件极其严重又极易发生的事情。

(二)幸福疏离的不良影响

1.沉溺其中带来的数据焦虑和无意义感

焦虑是在特定情境下所产生的一种紧张的心理状态,数据焦虑是因大数据环境而产生的一种紧张的心理状态。数据焦虑主要表现为接触或想象数据时所产生的不安、紧张、担心、忧虑、恐惧、烦躁等消极情绪或心理状态。数据焦虑伴随大数据而生,大数据环境催生了数据焦虑,并不断加重数据焦虑症状。面对浩如烟海的数据,大多数个体往往束手无策,而整个社会在新事物面前也会"手忙脚乱",于是,个体数据焦虑和社会数据焦虑就会产生。大数据时代下的幸福疏离具有不易察觉和会从"快乐"中产生的特质,再加上人们很容易因为"大数据"对自身的"了解"而沉溺其中,比如沉迷网络游戏、抖音等以数据为基础的算法构建中,会让人们在这个大数据环境中产生数据焦虑,而当突然离开这个大数据环境时会强烈地感到毫无意义。

2.较难逃脱带来的压迫感和无能为力感

大数据时代下的幸福疏离是较难逃脱的,在日常生活中的计算机、智能手机、互联网、移动互联网都是大数据的载体,现代人的生活已无法远离电子产品,即便知道"大数据杀熟"也很难逃脱。人们会发现和朋友聊完啤酒,打开购物 App 的首页就有各种啤酒推荐。令人恐惧和值得深思的是,在某些方面,大数据比我们都更加了解我们自己,这使人类较难逃脱大数据为人们建构的世界,从而会感到一种压迫感和无能为力感。

3.毫不相关带来的社会孤立感和割裂感

大数据时代下的幸福疏离的产生形式是多样化的,造成疏离的事物也都是虚拟化的,在大数据时代之前,人们获取的信息都是有因果关系和精确制导的,而大数据时代带来的信息和数据是相关关系和大体方向的,长时间在与自我毫不相关的、虚拟的海量数据中,人们会感到一种社会孤立感以及自我的割裂感。大数据时代下的幸福疏离带来的更多的是精神层面的不良影响,最终会让人们很难获得幸福感,而让幸福人生变得更难。

4.极易产生的不信任感和不安全感

随着数字化在社会方方面面的发展,人们逐渐意识到了个人信息和隐私安全的重要性,越来越重视自己的信息安全。大数据时代之前的幸福疏离是可以想办法解决的,时间也会是一剂良药,但是数据的泄露造成的幸福疏离较难通过时间去修复,也很难有其他解决办法。人们会时常想起他的数据被"用"在了哪里,也会经常接到各种骚扰电话,买房、买车、贷款等推销电话时时刻刻在影响人们的生活,甚至一些推销员对许多人的信息了如指掌,包括工作单位、家庭住址、家庭成员、身份证信息等,这些信息又会成为骗子行骗的资源。这样的生活状态会造成人们的不信任感和不安全感。

三、大数据时代幸福疏离的形成原因

从我国的具体社会环境来看,大数据等新科学技术的快速发展、转型时期人们的心理压力、社会的巨大变动、物质的不断丰富、竞争的进一步加剧、都市信息化的加速、人与自然的严重脱节等,都会对人的心理产生巨大影响,也为大数据时代幸福疏离的产生提供了广泛的社会环境,究其根本原因主要有以下几点。

(一)大数据时代产生的数据冗余

英国学者蒂姆·乔丹曾指出:"拥有太多的信息使信息的利用变得不可能。它以两种状况发生,第一,有信息而不能被吸收;第二,信息组织得非常差以至于发现任何特定的信息变得不可能。"[①]大数据时代使得个人和社会都拥有了前所未有的数据量,由于个人处理数据的能力有限,先前的数据匮乏变为了现在的数据过剩。数据过多导致数据量和数据来源远超个人的数据需求、数据处理和利用能力,以至于产生了人们由于数据过多而无法有效利用数据的情况,长此以往会造成数据焦虑并最终形成幸福疏离。

(二)资本逐利导致的大数据"算计"

数据已经渗透到当今每一个行业和业务领域,成为重要的生产要素。人们对于海量数据的挖掘和运用,预示着新一波生产率的增长和消费者盈余浪潮的到来。正如《纽约时报》2012年2月的一篇专栏所称,"大数据"时代已经降临,在商业、经济及其他领域中,决策将日益基于数据和分析做出,而非基于经验和直觉。数据是一场革命,庞大的数据资源规模使得各个领域开始了量化进程,无论是学术界、商界还是政府,所有领域都将开始这种进程。互联网平台公司便通过对用户的数据管理来获取市场回馈,这种简单直观的市场回馈极大地节省了互联网平台公司的市场运营成本。就这一角度而言,互联网平台公

---

① 孙冉.论网络信息的 CARS 过滤机制[J].情报杂志,2007(1):141-142.

司在这一过程中,不仅占有大量用户数据,并通过对用户资料的进一步统计、分析与处理获取利润,而且在这一过程中,互联网平台公司的边际成本接近于零。随着大数据技术体系的革新,网络平台的信息采集能力逐渐提升,加之平台用户"无报酬式"的广泛传播,越来越多的消费者无形中参与到消费与传播的过程中,而用户产生的数据越多,互联网平台公司的收益就越高。互联网平台公司似乎看到了这一"致富密码",在各种大数据技术的不断加持下,生活服务领域的平台化随之登场并抢占市场,且平台与平台、互联网企业与银行金融业合作,共同打造了多维度、网状式的营利结构,而广大消费者无疑成为这一结构的盘剥对象。人们的消费行为乃至于生活方式似乎被笼罩在强大的大数据之网下,人们逐渐陷入一种"无数据不存活,无平台不存身"的境况。

(三)大数据时代的人们对消费性数据的关注

生活在大数据时代,人们的日常生活离不开数据。生活中的数据可以分为生产性数据和消费性数据。所谓生产性数据是指与人类生产性活动密切相关的数据,比如汽车生产流水线产生的数据、面包生产产生的数据等。所谓消费性数据是指与人的消费性活动密切相关的数据,比如人们的衣食住行产生的数据、人们的教育产生的数据等。当下社会,人们受消费主义的影响,在日常生活中往往更加依赖自身或他人的消费性数据。美国哥伦比亚大学历史系荣休教授威廉·利奇在《欲望之地:美国消费主义文化的兴起》中指出,美国在内战后的几十年里,资本主义文化开始形成一种独特的文化,即消费资本主义文化,这种文化主宰了美国人的生活,其核心是追求快乐、安全、舒适和物质财富,主要特征是:"获取和消费成为实现幸福的手段,对新事物的崇拜,欲望民主化,金钱价值成为衡量社会所有价值的主要尺度。"①
大数据时代也具有威廉·利奇所描述的消费型社会的特征,人们
关注大数据所带来的新资源和新财富,追求大数据带来的便利和
快捷,但是大数据本身所具有的消费性和享乐性特征,消解了人们
生活的深度,消费主义文化对人们的精神性生活和创造性生活产
生了一些不好的影响,人们内心深处会产生一种不安感和疏离感。

四、大数据时代幸福疏离的预防和超越

(一)利用好大数据时代带来的变革造福人类

大数据时代的到来已成为无可辩驳的事实,我们应当理性"拥抱"
这个时代。随着智能手环等大量可穿戴设备的出现,企业数据平台采
集顾客不同的运动数据并进行实时动态评估,在数据分析基础上对顾
客运动行为提供反馈建议。大数据还推动智慧城市建设,利用大数据
技术,政府交通管理部门通过对交通信息、交通环境及路况数据进行
采集,可以得知一座城市的道路分布状况及拥堵点的具体位置,从而
更好地指挥交通,提高监管效率。政府经济管理部门还可以利用大数
据的预测能力,对经济发展过程中的数据进行汇集和关联分析,从而
做出科学的宏观经济预测和前瞻性决策。实践证明,数字化时代既充
满机遇,又充满挑战,在社会主义市场经济条件下,认清大数据的本
质,推进数字经济的健康发展,是构建现代化经济体系的重要抓手。
我们应当积极应对大数据时代出现的新情况、新问题,突破技术创新
的瓶颈,不断推进数字信息技术迭代升级,最关键的在于用好大数据

① 利奇.欲望之地:美国消费主义文化的兴起[M].孙路平,付爱玲,译.北京:北京大学出版社,
2020:1.

带来的技术变革和创新,为更好地实现人类社会的全面发展和人的幸福生活提供智力支撑和技术手段。

(二)加强政府监管,保护个人信息

大数据时代的到来和数字经济的迅速发展容易形成"一家独大""赢者通吃"的市场格局,数字垄断化趋势的日益扩张导致传统反垄断规则失效,因此,应建立健全市场准入机制,尤其需要健全公平竞争监管制度,有效规制平台的非法垄断和资本的无序扩张,保护平台就业人员与消费者的合法权益。2019年10月9日,文化和旅游部公示了《在线旅游经营服务管理暂行规定(征求意见稿)》,针对最受关注的"大数据杀熟"问题,明确规定在线旅游经营者不得利用大数据等技术手段,针对不同消费特征的旅游者,对同一产品或服务在相同条件下设置差异化的价格。2021年12月24日,国家发展改革委等九部门发布了《关于推动平台经济规范健康持续发展的若干意见》(以下简称《意见》),其中提到,从严管控非必要采集数据行为,依法依规打击黑市数据交易、大数据杀熟等数据滥用行为。《意见》显示,在探索数据和算法安全监管方面,要切实贯彻收集、使用个人信息的合法、正当、必要原则,严厉打击平台企业超范围收集个人信息、超权限调用个人信息等违法行为。从严管控非必要采集数据行为,依法依规打击黑市数据交易、大数据杀熟等数据滥用行为。在严格保护算法等商业秘密的前提下,支持第三方机构开展算法评估,引导平台企业提升算法透明度与可解释性,促进算法公平。

(三)自我拥抱大数据时代下的新幸福

不少学者将用户社交媒介使用的难戒断以及戒断的反复性归为

媒介使用沉迷。我们以抖音为例,会发现生活中有不少人已产生抖音沉迷,每次坐在书桌前想要开始学习时,总会不自觉地先刷一会儿抖音。就像不知道何时对抖音上瘾一样,不知道从什么时候起,越来越多年轻人开始寻求戒掉抖音的方法,开始尝试摆脱大数据时代下社交平台的控制。事实上,只要合理地规划娱乐时间,刷短视频也能够使人心情愉悦。每个时代也许都有让人沉迷的东西,关键要看人如何自处。

第五章
大数据时代幸福教育的新维度

大数据对幸福世界造成了冲击,相应地,大数据时代的幸福教育也要适应时代发展的需要,形成新型幸福教育。大数据时代的幸福教育是在数据驱动能力提升的基础上对幸福观、幸福能力和幸福评价等方面的教育。其中,幸福观是理念层,着重于思想价值引导;幸福能力是实践层,着重于能力提升;幸福评价是价值层,着重于意义建构。大数据时代幸福教育的主要特征是大数据时代幸福能力的建构,大数据时代的幸福能力既是一种挖掘大数据的能力(发现大数据幸福),也是一种整合大数据幸福的能力(创造大数据幸福),还是一种超越大数据的能力(享有大数据幸福),大数据时代的幸福教育也要围绕这些新要求开展。

一、幸福教育的基本内涵

(一)幸福与教育的关系

谈及幸福教育,首先要厘清幸福与教育两者之间的关系,这对于全面准确掌握幸福教育的本质内涵有着重要意义。对于教育与幸福关系的理解,在很大程度上还取决于人们对幸福的理解。人们对幸福的认识和探索虽然千差万别,但是根本指向都是一致的:幸福是一种积极的心理体验和主观感受,也是人生发展的内驱动力和实践指南,更是人们生活的目标追求和理想的人生状态。教育作为人类的特殊行为,"是在人与人(尤其是年长者与年轻一代)的交往中,通过知识的传授、生命内涵的分享以及行为举止的规范,将传统交给年轻人,使他们在其中成长,舒展自由的天性"①。这种特殊行为必然与作为终极目标的幸福密切相关。

幸福是教育的终极目标和追求。俄国教育家乌申斯基指出,教育的主要目的在于使学生获得幸福。俄国教育家苏霍姆林斯基提出,理想的教育是培养真正的人,使其能够幸福地度过一生,这是教育应该追求的恒久、终极性价值。内尔·诺丁斯在《幸福与教育》一书中也明确指出,幸福应该是教育的目的,好的教育应该促进个人和集体的幸福。这些著名的教育家都将幸福视为教育的终极目标和追求,这与幸福所具有的"终极善"的本质也是一致的。

教育是实现幸福的手段和途径。社会学家涂尔干曾说:"教育的目标在于生产人。"②涂尔干分析了早期教会学校诞生的历史,深刻揭示了教育的社会化功能,要塑造一个人,关键不在于用某些特定的观念装备他的心智,也不在于让他养成某些特别的习惯,而在于在他身上创造出一种具有一般倾向的心智与意志,让他用一种特定的眼光来普遍地看待一切。也就是说教育造就的是具有社会性的人,而不是仅仅培养学生个人的能力。社会性是幸福的根本属性,也就是说幸福不完全是一个人的事情,而是产生于个体与社会成员的交互关系中。我

① 雅斯贝尔斯.什么是教育[M].童可依,译.北京:生活·读书·新知三联书店,2021:3.
② 涂尔干.教育思想的演进[M].李康,译.上海:上海人民出版社,2003:38.

们对幸福的理解不能肤浅地停留在享乐主义层面,不能将幸福仅仅理解为个人转瞬即逝的快乐,而是应对幸福做更为深刻的理解。幸福也体现了一种人与人之间、个体与共同体之间的融合关系。教育的本质是培养人的活动,教育的目的不仅是培养人学习知识和掌握技能的能力,更重要的是将教育的过程真正变成培养人的过程,培养完整而丰满的人性,特别是通过挖掘和激发人的兴趣、理想、激情、直觉力、想象力和创造力等在人性和生命中一切积极的因素和向上的力量来培养完整而丰满的人性。[①] 因此,教育是以人性教育为根本任务的教育,也是人的幸福源泉和保障,通过教育塑造正确的幸福观和价值观,培养人们发现、创造幸福的能力,从而更好地实现幸福目标。

(二)幸福教育思想

回顾中外思想史、教育史,有不少思想家、教育家对幸福和教育的关系有过精彩论述,形成了各自的幸福教育思想,主要有以下类型。

1.古典主义幸福教育

古典主义幸福教育从德性、品质的养成等方面来认识幸福,认为幸福是在人们学习和勤奋追求过程中生成的,代表人物是亚里士多德。

亚里士多德提出了"终极善"的概念,终极善就是最高善,"我们用'绝对终极'这个词来指称总是为其自身而选择的东西,而从不为他物而选择的东西"[②]。亚里士多德认为,幸福具有终极善的性质,因为我们总是为了幸福本身而选择幸福,而永远不是为了别的什么东西:而荣誉、快乐、理智以及一切德性,我们选择了它们既是为了它们自身,

---

① 孟建伟.教育与幸福——关于幸福教育的哲学思考[J].教育研究,2010(2):28-33.
② 亚里士多德.尼各马可伦理学[M].王旭凤,陈晓旭,译.北京:中国社会科学出版社,2007:19.

也是为了我们的幸福,当想到它们的功用时,我们就很幸福。亚里士多德又将善的事物分成三类:外在善、灵魂善和身体善。他将属于灵魂善的东西称作最恰当的、最高的善,而只有灵魂的活动和功能才构成幸福。当然,幸福也需要用朋友、金钱、政治影响力之类的外在的善加以补充,因为没有工具就不可能或者难以做出高贵的行动。亚里士多德也提出了一个问题,幸福是可以学习的东西,还是通过习惯或者其他方式的训练获得的,或者是神赐的,又或者是凭运气的道德?他认为幸福更是个人的,即幸福是在人们学习和勤奋追求过程中生成的,幸福是一种实现活动,而实现活动显然必定是生成的,而不是像拥有财产那样是已经占有的。他也提出,要用幸福来教育和引导年轻人,因为人们认为快乐最符合人的本性,所以,人们用快乐和痛苦来教育和引导年轻人,把爱所应当爱的、恨所应当恨的看作是形成道德品质最为重要的内容。因为快乐和痛苦贯穿人的整个生命,并且影响人的德性和幸福。因为人总是选择快乐,逃避痛苦。亚里士多德已经认识到了幸福的可教育性,也就是幸福既是教育的最终目的和内容,也可以通过教育来实现,也就是倡导一种积极认真的人生态度。

2. 启蒙主义幸福教育

启蒙主义幸福教育观更多是从个性解放、自然人性、自由权利等角度来看待幸福问题。主要代表有法国思想家卢梭、俄国教育家苏霍姆林斯基和瑞士教育家裴斯泰洛齐等。

法国著名思想家卢梭在生命垂暮之际还在追问幸福是什么,"我们自身的存在这唯一的感觉就能把我们的灵魂完全充满。只要这种状态持续一天,凡是处于这种状态中的人都可以称自己是幸福的人。这种幸福并非来自那种不完全的、贫乏的、相对的幸福,就像我们在人生乐趣中所感到的那样；而是源于一种丰盈的、完备的、充实的幸福"①。他所感受到的幸福更多的是心灵感受万物一体和存在的丰富多彩的状态，在这种状态中，他感到自己十分自足。在《爱弥尔:论教育》中，卢梭提出按照纯粹由自然主导的方法教育孩子，认为幸福教育是教育者在能够遵循自然规律的原则下，通过充分尊重儿童自由的天性，提高儿童解除痛苦、充分享受生活的能力，进而帮助儿童形成积极的人生观，最终实现人生幸福的目标的活动。卢梭的幸福教育观点主张以自由、感性和个性化为基础，注重孩子的情感和人际关系，与实际生活紧密联系，以培养幸福感受和幸福能力为目标。

苏霍姆林斯基提出："在教学大纲和教科书中，规定了给予学生各种知识，但却没有给予学生最重要的东西，这就是:幸福。理想的教育是:培养真正的人，让每一个从自己手里培养出来的人都能幸福地度过一生。这就是教育应该追求的恒久性和终极性价值。"②同时苏霍姆林斯基强调幸福教育要关注学生的情感和社会性，培养学生的社交能力和社会责任感。他认为，学生应该被视为社会的一部分，学校应该是社会的缩影，教育应该是社会责任的体现。瑞士教育家裴斯泰洛齐坚持学校要受"形成人"的教育观指导，他提出的教学法享誉整个欧洲，中心思想是每个人都受永恒的自然法则所预先构造的基本力量的支配，因而教育的目的就是自然地、合乎心理学地发展那些力量。他的教育法的主要精神就是认为教育不是教授知识，而是强化和协调智力和其他心理能力。

3.功利主义幸福教育

功利主义幸福教育基于追求幸福是人的自然权利的认识，认为幸

---

① 麦马翁.幸福的历史[M].施忠连，徐志跃，译.上海:上海三联书店，2011:209-210.
② 高峰.幸福教育:一种人性教育的回归[J].中国教育学刊，2007(10):28-32.

福与生命、自由、财产等密切关联,尤其是把追求幸福与追求财富的梦想密切关联。这一学派的代表人物有本杰明·富兰克林、亚当·斯密、杰里米·边沁、约翰·密尔、约翰·斯图亚特·穆勒等。

1800年,富兰克林撰写的一本小册子《通往财富和幸福的道路》大为流行,富兰克林把美国视为培育富人的沃土,在他眼里,上帝所创造的大地提供了丰富的证据,表明培育幸福是合理的。以前人们膜拜崇高、高贵等精神层面的幸福追求,鄙视金钱、财富等低俗的追求,而从那时起,人们开始呈现一种发展经济理性主义的趋势,财富才天经地义地成为幸福追求的首要要素,金钱至上、财富至上、幸福至上成为资本主义社会发展的内驱动力。正如德国著名政治经济学家和社会科学家马克斯·韦伯在《新教伦理与资本主义精神》中所说:"人们完全被赚钱和获利所掌控,并将其作为人生的终极目标。获取经济利益再也不从属于人类,不再是满足人类物质需要的工具了。这颠覆了我们认为很自然的关系,朴素的观点会认为它太不理性了,但是它却显然是资本主义的一条首要原则。"[1]他将资本主义文化的社会伦理中最为典型的特质、资本主义文化的根基概括为"人们履行天职的责任",尖锐地指出,在现代的经济秩序下,只要是合法赚钱,就可以被看作是一种遵守天职美德的结果和发挥天职能力的表现;不难看出,这种美德和能力正是富兰克林一直信奉的伦理观。韦伯提到了一种新的革命,老式的悠闲舒适的生活态度被厉行节俭所取代,而正是这些厉行节俭的人赚取了足够多的财富成为新贵,因为他们所期望的不是消费和享受而是无休止地赚钱,这使得那些想要保持旧有生活方式的人不得不削减他们的开支。韦伯分析了这种现象,认为这场革命的真正起因在于一种新精神的作用,那就是现代资本主义精神,资本主义的制

---

[1]　韦伯.新教伦理与资本主义精神[M].马奇炎,陈婧,译.北京:北京大学出版社,2012:48.

度迫切需要人们将赚钱视作献身于天职,这种看待物质财富的态度和此种制度完美契合,并且与那种你死我活的经济斗争环境有着极为密切的关系,现在我们可以说,营利的生活方式与任何单独的世界观之间不再存有任何必然联系的问题了。天职观念也深刻影响和改变了人们的幸福观念,天职观念和在天职中献身于劳动的观念,尽管在纯幸福论的个人利益那里,它们是非常不理性的,但是这种观念已经发展成为资本主义文化中最典型的要素之一。韦伯进而提出了基于天职观念的理性行为正是现代资本主义精神乃至整个现代文化的基本要素之一,他对资本主义文化和资本主义精神的认识可谓鞭辟入里。

功利主义所信奉的自然权利幸福观其实是意识形态的烟幕弹,用来掩饰那些实利主义幸福观的拥护者更深沉的用意。正如穆勒的《功利主义》一书的译者在该书"译者序"中所写的:"功利主义之所以对当代的人类思想具有更大影响,不仅是因为其伦理学的基本观点极其简单,并且符合常人的理性——合乎道德的行为或制度应当能够促进'最大多数人的最大幸福',更主要是因为,通过'最大多数人的最大幸福'这一概念的不同解释或表述,功利主义不仅在政治领域构造了一种足以与自由主义契约论学派相抗衡的政治哲学和法哲学,而且在经济领域排除了所有其他的伦理学说而独自成为主流经济学的伦理框架。"[1]

4.马克思主义幸福教育

马克思主义幸福教育是基于以"劳动幸福"和"人民幸福"为核心的实践幸福观,通过提升个体幸福认知力、幸福感知力、幸福创造力和幸福评价力,从而实现个体幸福与社会幸福有机结合,最终实现人的自由而全面的发展的教育。它是思想政治教育不可或缺的有机组成部分,具有明显的意识形态性和人文关怀双重属性。马克思认为,个

---

[1] 穆勒.功利主义[M].徐大建,译.北京:商务印书馆,2014:5.

人的幸福从来就不是纯粹个人的,自私自利之人是没有快乐和幸福的。他说:"历史承认那些为共同目标劳动因而自己变得高尚的人是伟大人物。经验赞美那些为大多数人带来幸福的人是最幸福的人。"[①]马克思提醒我们,个人幸福与他人幸福、社会幸福是紧密联系在一起的。马克思主义幸福观教育不仅需要关注个体的幸福感受,更要关注个体在社会中的角色和责任,以此来提高整体社会的幸福水平。中国梦是马克思主义幸福观与中国发展实际相结合的宏伟设计和具体实践,它从本质上来说就是中国人民的幸福梦,是目的性与合规律性相统一的崇高理想,其价值旨归就是实现每个人自由而全面的发展。人民幸福是真正意义上的幸福,它不仅仅意味着国家和民族的富强和振兴,更重要的是人民自身的幸福和满足感。这种幸福是与世界和谐共处的幸福,它不仅仅是物质上的富足和满足,更包括人们的精神愉悦和情感充实。

(三)幸福教育的基本内涵

幸福教育是将幸福思想在生活中予以实现的重要途径。关于幸福教育也有很多种定义,代表性的定义有以下几种。

诺丁斯认为,幸福和教育是密切关联的,幸福应该是教育的目的,而一种好的教育就应该极大地促进个人与集体的幸福。幸福教育包括培育理解能力、关怀能力、美德、求知探索能力等,幸福教育是道德生活与道德教育的良好开端。

孟建伟认为,幸福教育是一种将幸福视为最核心和最终极的价值理念的教育。幸福教育是一种目的论,它不仅要让人们在教育过程中

[①] 中共中央马克思恩格斯列宁斯大林著作编译局.马克思恩格斯全集:第 40 卷[M].北京:人民出版社,1982:7.

获得幸福,更要让人们终生充满幸福。幸福教育又是一种方法论,它将本体论与幸福论同认识论与技术论有机地结合起来,并将生命本体的幸福置于优先地位,从而让人们真正从灵魂深处来感受和获得教育。因此,幸福教育就是这样一种目的论和方法论的有机统一:让人们最大限度地既在教育中真切感受幸福,又在幸福中切实获得教育。①

李西彩和王宽认为,幸福教育主要指以学生终身幸福为基本价值取向的教育。幸福教育应该是教育过程幸福和教育结果幸福的有机统一,应当是学生的即时幸福体验和未来幸福发展的有机统一。幸福教育既应使学生在学习生活中切实体验到幸福,又应为学生将来具备正确理解幸福、追求幸福的思想意识和能力做好必要的准备,从而使教育真正把学生的幸福作为现实关怀和终极关切的着眼点。②

苗元江和余嘉元认为,幸福教育就是以人的情感培养为目的的教育,通过这种教育培养能够创造幸福、拥有幸福的人,幸福教育的目标就是要造就健康人格。③

高峰认为,幸福教育就是通过幸福教师的创造,去培育学生拥有幸福人生而需要的幸福观、幸福品质和获得幸福能力的教育。只有当这种能力变成了学生的内在素质,他的幸福才是自由和终身的,教育也才是成功的。④

王聪认为,幸福教育是以幸福为核心和终极价值目标,强调受教育者内在情感需求的现代教育,拥有充分展现学生自主意识的教育理念。幸福教育将"幸福"和"教育"紧密地联系在一起,不再仅仅强调教学的实用功效,不再仅仅将教育看作是使受教育者获得"丰富"知识的

---

① 孟建伟.教育与幸福——关于幸福教育的哲学思考[J].教育研究,2010(2):28-33.
② 李西彩,王宽."幸福教育"视域下的高校学生管理探析[J].中国成人教育,2011(18):28-30.
③ 苗元江,余嘉元.试论幸福教育的起点、核心、目标[J].教育评论,2001(5):7-8.
④ 高峰.苏霍姆林斯基教育思想与幸福教育[J].比较教育研究,2010(3):12-15.

物质工具,而是对于常被人们"悬置"和"忘却"的精神需求(体验、情感、态度等)给予充分的关注,把人们的终极价值需求(对"幸福"的向往)与教育和谐相融,使得对知识的向往、对智力的激发等教育目的的追求,是为了最终幸福的收获。①

刘次林在《幸福教育论》中指出:"所谓幸福教育,就是以人的幸福情感为目的的教育,它要培养能够创造幸福、享用幸福的人。幸福教育就是要将教育的目的回归到人自身的情感上,使教育造福于人。"②他主要从情感教育出发,把教育的目的定位于人的幸福情感上,从知情统一的智育、身心统一的体育、自我扩展的德育等方面建构和分析了幸福教育的过程。

在已有研究成果的基础上,我们认为,幸福教育是幸福实践和教育实践的融会贯通和有机结合,是通过教育活动来实现幸福观培育、幸福能力提升、幸福感增强的重要途径。幸福教育的目标是让人们更好地追求幸福。幸福教育中的"幸福"是教育的目标,也是教育的重要内容,幸福教育围绕幸福来开展。同时,幸福教育中的"教育"是幸福的要素,也是幸福的实现途径。通过幸福教育,将达成共识的幸福观内化于心,形成对幸福的新认识,达成新共识,同时通过幸福教育培养感受和体悟幸福的能力,形成对幸福的评判标准。幸福教育不是直接教大家幸福、仅仅把幸福作为教育的内容,而是教育大家如何去追寻、感受和表达幸福。幸福需要教育,幸福也是可以教育的,通过教育,人们才能够更好地认识幸福和感知幸福,也才能够更好地把幸福表达和呈现出来,从而实现幸福的可测量化。

诺丁斯曾说,家庭和学校应是最幸福的归宿。生活在这样幸福的地方使得我们明白教育及生活本身的目的就是幸福,同时懂得幸福不

① 王聪.关于"幸福教育"的伦理审思[J].教育理论与实践,2015(28):8-11.
② 刘次林.幸福教育论[M].北京:人民教育出版社,2003:119

仅是教育的目的,而且是教育的手段。他的话蕴含着教育和幸福密不可分的关系,教育不仅应以幸福为目的,更应以幸福为手段,幸福教育是目的论和方法论的有机统一。另外,需要注意的是,幸福教育不等同于教育幸福,幸福是精神性的内心体验,不能在教育内容中直接体现,应时刻提醒教育者在教育方式和教育内容上以幸福为基点和目标,促进受教育者内心幸福感的实现。幸福教育也不等同于理想教育,它不是以宣扬"高大上"的幸福理想为教育内容,而是在教授学生知识的同时,更加注重学生在学习过程中的真实需求,为学生创造自由活泼、温馨和谐的受教育环境,以使学生在受教育过程中收获快乐和幸福。幸福教育更不是摒弃传统的重视知识、智力的教育,而是在传授知识、发展智力、挖掘创造力的基础上,培养幸福的人。

综合以上表述可以得出,幸福教育既是一种主观性与客观性相统一的教育,也是目的论和方法论的有机统一的教育。幸福教育不是以向学生灌输知识为目标,而是激发学生内心深处探求幸福的欲望,也就是激发学生的内源性驱动力,引导学生树立正确的幸福观,开发潜能,增强创造幸福和感知幸福的能力,其最终目的是让人们学会创造幸福和享受幸福,学会感恩、快乐、关爱和担当,最终促进人的全面自由发展和幸福健康成长。

二、大数据时代幸福教育的内涵

思想政治教育的过程是信息获取、选择、传播的过程,是用丰富、正确、生动的信息影响及熏陶学生的思想观念、价值观念和精神状态的过程。大数据时代的幸福教育过程也具有类似的特征,是用丰富、正确、生动的幸福思想和幸福信息,影响、熏陶人们的思想观念、价值观念和精神状态,进而影响人们的行为的过程。大数据时代幸福认知和幸福实践都在发生着变化,需要通过幸福教育来重塑人们的幸福观,增强人们的幸福能力。大数据时代,幸福教育的内涵是什么? 从教育培养人的本质看,大数据时代的幸福教育是一种以大数据为支撑,注重个体多元发展、健康平衡、社交互动和价值实现的教育,是致力于实现个体幸福和社会幸福共同发展、幸福能力和幸福指数可持续性发展的教育。

(一)更加注重人性与个性的教育

幸福教育是人性教育和生命教育的统一。幸福教育以关注人的幸福作为教育的切入点,使教育贴近人性、切入生命,将教育的过程真正变成培养人的过程。大数据时代的幸福教育和人性教育这个相关的概念联系更为紧密,它们之间有许多重叠和交叉点。幸福教育注重的是学生的幸福感和内在的满足感,而人性教育则是关注个体的内在本质和个性发展。幸福感与人性需求是相互依存的,只有满足了人性需求,才能获得真正的幸福感。因此,幸福教育和人性教育是密不可分的。人性教育注重的是个体的个性发展,这种发展是基于内在需求的,包括认知、情感、价值观等方面,而幸福教育则是为了实现学生的内在满足感和幸福感。如果个体的内在需求得到满足,那么幸福感也会自然而然地产生。因此,幸福教育和人性教育也是相互关联的。在大数据时代,个体是通过信息的形式来实现自我的表征或构成,在大数据技术的帮助下,人们有能力获得个体或者集合中子类在空间和时间维度的所有数据,通过数据分析可以获得关于所有个体或子类的具体知识,从而使得知识更具有个人性。大数据时代知识的个人性提醒我们要更加注重个性化的幸福教育。

(二)更加注重积极情感提升的教育

幸福就是客观的物质生活和精神生活的状况和主观的满足感二

者之间的有机统一。"没有客观的物质生活和精神生活的状况，幸福自然无从谈起；反之，没有主观的满足感，即便物质生活和精神生活的状况有了较大改善或进步，也谈不上真正获得了幸福。"①一个人只有在体会到积极情感的基础上才能产生幸福感，而积极心理体验是幸福感最直接的生理方面表现。幸福教育的主要目的就是培养人的自我认识和情感管理能力，这对于提升幸福感非常重要。只有了解自己的内心需求和情感状态，才能更好地掌控自己的生活，促成自我价值的实现和内在满足。

在大数据技术的飞速发展下，人们更加关注个体的行动轨迹和社交行为等方面的内容，人们的幸福指数随之不断提升。幸福教育也更加注重通过大数据技术，提升人们在情感体验和社交等方面的幸福感、获得感。在大数据技术的支持下，幸福教育已经成为教育界一个不可忽视的领域。比如通过大数据技术，一是建立心理健康诊断系统，可以收集学生的心理健康数据，如心率、血压、睡眠质量等，结合学生的日常行为和活动记录，分析学生的心理状况，并及时发现和解决学生的心理问题。二是建立情感监测系统，可以收集学生的语音、文字等情感信息，如语调、词汇、情感表达等，分析学生的情感状态，了解学生的情感需求和情感困境，为他们提供相应的情感支持和指导。三是建立社交分析系统，可以收集学生的社交数据，如社交关系、社交圈子、社交行为等，分析学生的社交情况，了解学生的社交需求和困难，为他们提供积极的社交支持和指导。四是建立学习成就分析系统，通过大数据技术，学校可以收集学生的学习成就数据，如成绩、评价等，分析学生的学习成果，增强学生的学习动力和自信心，提高学生的学习效果和学习质量。这些技术应用的本质都是通过数据分析和算法

①　孟建伟.教育与幸福——关于幸福教育的哲学思考[J].教育研究,2010(2):28-33.

处理,了解学生的情感需求和情感状态,为学生提供个性化的情感支持和指导。同时,我们也要看到,大数据技术在幸福教育领域的应用还存在一些挑战和问题。例如,学生的隐私保护、数据分析的准确性和可靠性等问题,都需要我们认真对待和解决。因此,在推进大数据技术与情感教育的结合过程中,我们需要强调教育伦理,注重数据安全和隐私保护,同时注重数据分析和结果的可靠性与可解释性,以便更好地服务于学生的幸福教育和全面发展。

(三)更加强调终身学习重要性的教育

既然幸福也是一种能力,那么幸福能力的提升就是幸福教育的重要内容。幸福能力主要表现为发现幸福、体验幸福和创造幸福的能力。创造幸福是人们的终极追求,创造幸福的能力也是人们终身所不断提升的能力。在终身学习社会里,创造幸福显得更为重要和宝贵。因此,大数据时代下的幸福教育必须要强调发现幸福、体验幸福和创造幸福的能力的可持续发展。信息的数量迅速增长,复杂性不断提升,要跟上这一发展趋势,人们需要具备持续学习和更新知识的能力,这种能力是终身学习的基础。幸福教育鼓励终身学习,是为了帮助人们适应不断变化的环境,不断提升自己的竞争力和创造力,实现更加丰富、充实的生活。终身学习是一种自我发展的过程。随着时代的变化,新技术、新思想、新观念、新方法和新需求不断涌现。要求我们必须具备强大的学习能力,不断地学习和适应这些变化。终身学习可以让人们持续成长和发展,不断提升自己的技能和知识储备,逐步实现自己的目标和愿望。

幸福教育强调终身学习的必要性和重要性,因为终身学习可以带来很多好处。首先,终身学习可以使人们在职场上更有竞争力。在现代社会,技能的快速更新和发展是关键。只有不断学习新的技能和知识,才能更好地适应职场的变化,提高自己的职业竞争力,实现更好的职业发展。其次,终身学习可以让人们更好地了解世界。随着科技的发展和信息的爆炸,人们可以更容易地接触到更多的知识和信息。不断学习和探索可以帮助人们更好地理解世界、拓宽视野,增强判断力和决策能力,更好地应对生活和工作中的各种挑战。最后,终身学习可以提升人们的自我价值和满足感。不断学习和成长可以让人们实现自我价值的最大化,充分发挥自己的潜力,感受到自我实现的喜悦和成就感,从而增强幸福感和满足感。终身学习是一个长期而艰苦的过程,需要付出不懈的努力和坚持。但是,它也是一个充满挑战和机遇的过程,通过持续学习,人们可以不断提升自己的技能和知识水平,实现自我价值的最大化,获得更多的成功和幸福。因此,幸福教育鼓励人们积极投身于终身学习,努力实现自己的梦想和愿望。

三、大数据时代幸福教育的特征

(一)幸福认知向多元化、复杂化发展

幸福认知是指个体对自己幸福状态的主观感受和认知,是个体对自己生活的主观评价,受到个体的价值观、人生经历、文化背景等因素的影响。大数据时代的信息爆炸和社交网络的普及,一方面让个体可以更方便地获取信息和与他人进行交流,以及通过数据采集和分析,可以获取个体的实际行为、言语和情感等方面的信息,这使得个体能够更充分地了解自己的生活环境和他人的生活经验。比如一个稳定、安全、舒适、有秩序的生活环境可以帮助一个人建立起自信心和安全感,促进其身心健康,从而对幸福感的提升有很大的帮助。我们的幸福感往往受到家人、朋友、同事、社区等社会群体的影响,这些社会群

体可以为我们提供情感支持、经验分享、社会参与等方面的帮助,从而
让我们更好地适应生活,提升幸福感。另一方面,个体之间的联系更
加紧密,也更容易产生比较心理,这使得人们更容易将自己与他人进
行比较,从而对自己的幸福感产生影响。同时,社交网络上的"虚荣指
数"等指标也让个体更容易受到社会评价的影响,从而对自己的幸福
感产生影响。

(二)数据挖掘、创造幸福能力的提升与超越

数据挖掘技术是大数据最突出的功能之一,"以大数据驱动的数
据挖掘的分析范式是一种探索性数据分析的范式,旨在对数据进行定
量描述和定量概括,发现变量间的相关性"①。有人用拖网捕鱼形容数
据挖掘,是说数据挖掘会把各种东西打捞上岸,需要人们再从中甄别
有价值的东西。大数据时代的幸福是一种驾驭大数据的能力,也就是
运用好大数据为我们谋求幸福。大数据时代下,数据量变得巨大,这
使得数据挖掘的能力变得更加强大。通过挖掘数据,可以发现更多的
规律和模式,进而提升对幸福的认知和理解。这些技术通过社交媒
体、移动设备、传感器等从不同的维度来探索幸福,比如通过数字化技
术,可以将幸福教育的课程和教学资源制作成多媒体教材、在线课程、
移动应用等形式,使学习者可以随时随地获取到幸福教育的知识和实
践经验,提高幸福教育的智能化水平。又如通过机器学习、深度学习
等技术的应用,可以帮助挖掘和分析社交媒体上用户的情绪表达中的
隐藏信息,或者通过手机定位数据来了解人们的行为习惯和生活方
式,从而更全面地了解幸福的构成和影响因素。人类的终极幸福是实
现全面自由发展,大数据正在帮助人类一步一步靠近目标。但是人类

---

① 丁小浩.大数据时代的教育研究[J].清华大学教育研究,2017(5):8-14.

也要反思,大数据是为人类服务的,人类要有超越大数据的思维和能力。超越大数据,就是把大数据作为有助于人类反思和思考的一种有力工具,而不是全部。人生另有目的,那就是让自己心安,让自己能够体会到自身存在的价值和意义。

(三)幸福测量与评价的智能化、高效化

大数据技术的发展和普及让幸福感的测量更加精准、科学、高效。传统的幸福测量指标可能已经不能完全反映个体和社会的幸福感受和需求,需要根据大数据分析和机器学习的方法,发现和开发更准确、更具体的幸福测量指标,如基于语言情感分析、移动设备定位数据等的指标,大数据时代的幸福教育也要致力于这些技术和能力的提升。同时随着计算机处理速度的加快和存储容量的增加,幸福评价结果可以更加快速、准确地生成,从而为个体和社会的幸福提供更及时、更有效的支持和指导。比如可以开展基于社交媒体数据的幸福测量,通过对社交媒体平台上用户发帖、评论、点赞等行为的分析,测量人们的情绪、幸福感等。通过这种方法不仅可以得到更广泛、更及时的数据,还可以更好地反映人们的真实情感和态度。数字化技术和平台可以让更多的个体和社会群体参与幸福测量和评价,为个体和社会提供有效的幸福改善建议和方案,促进幸福教育和幸福社会建设的普及和发展。

四、大数据时代幸福教育的价值

价值是事物对于人的意义,是对主客体相互关系的一种主体性描述,它代表着客体主体化过程的性质和程度,即客体的存在、属性和合乎规律性的变化与主体尺度相一致、相符合或相接近的性质和程度。

价值在本质上是客体属性同人的主体尺度之间的统一,是世界对于人的意义。考察大数据时代幸福教育的价值就是用大数据时代幸福教育对于我们的意义来衡量幸福教育,可以从哲学维度和实践维度来把握。

(一)大数据时代幸福教育的哲学意蕴

随着社会的发展和科技的进步,我们生活的世界变得越来越复杂和快节奏,人们的竞争压力也越来越大。在这样的背景下,探寻幸福教育的哲学意义显得尤为重要。幸福教育强调人的全面发展和个性化成长,注重个体的内在需求和精神追求,有助于提高人们的生活品质和幸福感。

1.大数据时代幸福教育在生活向度上对幸福宽度的影响

幸福教育是为了拓宽人们幸福行为的宽度,也就是更好地做到自我实现和自我发展。王战教授在为"信息文明与当代哲学发展译丛"撰写的总序中写道:"虽然我们当前的许多经济活动和生活场景已经进入信息文明时代,但我们现有的思维方式、概念框架、制度安排、教育设置、社会结构等还依然没有完全摆脱工业文明时代的桎梏。"他提出,在信息文明时代,人们"需要摧毁以掠夺自然为前提和异化劳动为核心的范畴体系,建立以环境友好为前提和以人的自由发展和全面发展为核心的范畴体系"①。大数据时代是人类步入信息文明的深化,随着信息技术和大数据技术的发展,我们生活的世界变得越来越复杂和多变,个体的选择和决策面临的信息量也越来越大。在这样的环境中,自我实现和自我发展显得更加重要。幸福教育强调个体的主观能动性和自我决定,激励个体发挥自己的特长和才能,实现自己的人生

① 弗洛里迪.信息伦理学[M].薛平,译.上海:上海译文出版社,2018:4.

目标和价值。在"数据驱动是大数据时代一切的核心,也成为幸福驱动的核心"理念的影响下,通过大数据技术可以赢得更好的自我实现和自我发展,个体可以获得更多的成就感和自豪感,进而提高生活幸福感。

2. 大数据时代幸福教育在生命向度上对幸福深度的影响

李德顺教授在《价值论》中提出人的精神活动分为精神生活本身和精神生活生产,认为人的精神生活也和物质生活一样需要不断地再生产和扩大再生产,因此也需要对精神产品进行存储、传播和新的创造。具有这方面性质的精神现象和活动及其物化形式,就具有精神生产价值。幸福实践活动具备精神生产活动的特征,相应地,幸福教育也具有精神生产价值。教育是储存、传播和再生产精神产品的主要形式,成功的教育能够使教育者和受教育者得到精神上的提升、满足和快乐。幸福是一种实践活动,也是一种价值活动,需要坚持价值原则,也就是人的意识和行为中包含主体需要、追求价值、注重效益的原则,相应地,幸福教育也要坚持价值原则,坚持主体性和目的性相统一的原则,注重情感交流和人际关系的调适。在大数据时代,人们的交流方式和社交方式也发生了很大变化,虚拟社交和线上社交成为新的交流方式。然而,虚拟社交和线上社交缺乏真实的情感体验和沟通效果。因此,幸福教育强调人际关系的重要性,鼓励个体进行真实的情感交流和面对面的社交互动,比如学校应注重帮助学生建立健康、积极、支持性的人际关系,可以采取组织团队活动、参与志愿服务等方式,培养学生的合作、沟通和领导能力,建立稳定和有意义的人际关系。通过人际关系的建立和维护,个体可以获得更多的归属感和支持感,从而进行更多的精神生产,提高生活幸福感。

3. 大数据时代幸福教育在社会向度上对幸福评价的影响

幸福作为一种交互性和对象性实践活动,需要不断进行自我评价。评价是人类生活中无时不在的一种精神活动,"表明在主客体之间一定的价值关系中,客体是否能够或已经使主体的需要和愿望得到满足,客体是否适合主体的需要并使主体意识到这种适合"①。

　　幸福教育通过教会人们如何正确评价自身的幸福程度,从而更好地促进幸福的调适。在大数据时代,人们的生活节奏加快,工作压力和生活压力也加大,很多人面临着身心健康的问题。因此,幸福教育强调自我调适和压力管理,鼓励个体积极应对压力和挑战,学会适应和调整,对自身幸福状态适时进行评估。比如不少学校开展情绪智力教育,学生可以了解自己的情绪和情感反应,有效地管理情绪,缓解压力和负面情绪。通过自我调适和压力管理,学生可以更好地保持身心健康和精神愉悦,提高生活的幸福感。幸福教育引导的幸福评估对于增强人们的社会责任感也起到积极作用。在大数据时代,社会变得更加复杂和多元,社会问题也更加突出,个体的行为和选择不仅仅关系到自己的利益和福祉,也关系到整个社会的发展和进步。幸福教育在引导、凝聚社会意识方面具有重要的作用,幸福教育的主要目的就是培养学生的多元智能和全面素质,使其成为具有社会责任感和公益精神的人才。幸福教育强调社会责任,鼓励个体积极参与社会事务和公益活动,为社会发展和进步做出贡献。通过承担社会责任和参与公益事业,个体可以获得更多的成就感和自豪感,提高生活的幸福感。

(二)大数据时代幸福教育的实践价值

　　大数据时代的到来催生了多元文化,在重塑人们的价值观方面,教育的作用至关重要。"教育能够为各种普遍价值观和伦理规范的主体内化提供并建立较为广泛具体而持续有效的传播方式、解释资源、

---

① 李德顺.价值论:一种主体性的研究[M].3 版.北京:中国人民大学出版社,2013:154.

知识和智力支持、接受机制。这种传播、解释、接受的科学教化机制及其优越效率，是任何其他文化形式所难以媲美的。"①幸福教育作为一种新型的教育理念，已经在社会上引起了广泛的关注和讨论。大数据时代幸福教育强调个体幸福与社会幸福、发现幸福和创造幸福的统一，不仅是对个体幸福的关注和引导，也是对社会共识的传播和引导。

1. 大数据时代幸福教育具有思想引领的意识形态功能

思想政治教育是指社会或社会群体用一定的思想观念、政治观念、道德规范对其成员施加有目的、有计划、有组织的影响，使他们形成符合一定社会、一定阶级所需要的思想品德的社会实践活动。幸福教育也具有思想政治教育属性。大数据时代是一个个性化的时代，个体的独特性和唯一性价值在这个时代凸显。正如麦金太尔在《德性之后》中对现代社会的批判一样，"历史发展到现代，造成的最大罪恶是社群的破坏，使人放弃了对公共利益的追求而追逐个人利益，人成了原子化的人，社会成了碎片化的社会，要想恢复往日的安宁和温暖，我们必须诉诸共有的文化和价值传统"②。大数据时代背景下，幸福教育对社会共识的传播显得尤为重要。社会共识是社会成员在一定的历史和文化背景下形成的一种价值观念和行为准则，是人们共有的文化和价值传统。

在当今社会，教育的目的和意义已经发生了改变，从单纯的知识传授转向更为全面、多元的发展和幸福感的提升，这种变化反映了社会共识的转变。幸福教育的实践就是对这种社会共识的传播和引导，通过为学生提供更多元、更全面的教育内容和方法，让学生不仅能够

---

① 杨超.当代西方价值教育思潮[M].广州：中山大学出版社，2011：5.
② 罗仲尤.思想政治教育属性研究[M].北京：知识产权出版社，2017：13.

获得知识,也能够实现自我发展和幸福感的提升。如芬兰一些学校已经开始将幸福教育融入课堂教学,学校为学生提供更多自由的时间和空间,让学生能够自主选择学习内容和方式。同时,学校还注重培养学生的情感交流能力,帮助学生建立互助、友爱、互相尊重的人际关系,这种实践对推动社会共识的转变具有重要的意义。

2.大数据时代幸福教育具有行为指引的社会功能

思想政治教育就是要通过人的自觉选择,把社会目标通过学习、教育、实践进行内化,形成理想信念,同社会发展形成互动。因此,社会的凝聚力、社会的共识性、社会发展与个人发展的协调性,在很大程度上是通过有目的的思想政治教育实现的。[①] 幸福教育具有与思想政治教育相同的功效,也是对社会共识的引导。社会共识的形成和演变不仅受到历史和文化的影响,也受到各种社会力量的引导和塑造。教育作为社会力量之一,对社会共识具有重要的引导作用。幸福教育实践是通过改变教育方式和内容,为学生提供更多元、更全面的发展机会,引导学生积极探索自我,发现兴趣和潜力,实现自我价值。如国内有些学校将幸福教育作为重点,采用课堂教学、社会实践、个人体验等方式,培养学生的幸福感和社会责任感,使他们成为具有人文素质和社会责任感的公民。幸福教育实践是对社会共识的引导,旨在通过幸福教育的实践,引导学生认识到社会责任和公益事业的重要性,并将这种观念融入他们的行为和决策。这些实践不仅为学生提供了成长和发展的机会,也为社会的可持续发展和进步做出了贡献。通过这些实践,幸福教育已经逐渐成为社会共识的一部分,引导人们关注幸福与社会责任,推动社会进步和发展。

---

① 彭晓宽.大数据时代思想政治教育创新发展研究[M].长春:吉林出版集团股份有限公司,2020:87-88.

3. 大数据时代幸福教育具有激发人生内动力的价值驱动功能

有研究者认为,教育具有超越性引导作用,教育能够使人既能把握现在、利用现在,又能引导人们去追寻更加美好的生活。教育所期待成就的不仅是在实践活动中力图去超越现在的生存境遇,努力创造更好生活的人,也是在思想和意识中不断去探寻人的存在价值、意义、理想和目的,寻求精神和思想超越的人。进而研究者提出,"真正意义上的教育是以形成人的超越性生活理念为旨趣的教育。教育不仅要把握现实的生活是什么,更为重要的是:要使人去探寻理想的生活可能是什么。教育要帮助人树立起生活是可以更加美好的信念,形成人改变生活、改造世界的实践指向"①。幸福教育也具有这种超越性引导作用,是为了培育和激发人们为了幸福奋斗的内动力。幸福作为人类自主追求的行为,具有目标驱动和价值驱动的性质,是人生发展的重要驱动力。幸福教育实践可以是个人奋斗的内动力。通过幸福教育实践,人们不仅可以了解到幸福的本质和途径,明确自己的生活目标和价值观,掌握应对生活挑战的技能和策略,提升个人幸福感和满足感,而且可以了解自己的优势和不足,发现自己的兴趣和潜力,提升自我认知和自我管理能力。这些能力可以成为个人奋斗的内动力,激发个人的积极性和创造力,让个人更加自信地面对生活和追求幸福。此外,在社会主义核心价值观的影响下,幸福教育实践也可以激励个人将奋斗目标与国家、社会责任感相融合,将个人的"小我"融入实现"国家富强,民族复兴,人民幸福"的"大我"之中,引导个人关注他人的幸福和福利,参与到社会公益事业中,为社会主义事业建设奋斗。因此,这种幸福教育实践可以成为个人奋斗的内动力,激励个人为社会做出更大的贡献。

---

① 杨超.当代西方价值教育思潮[M].广州:中山大学出版社,2011:10-11.

五、大数据时代幸福教育构成要素的变化

大数据时代的幸福教育是一种以数据和科技手段为支撑,注重个体多元发展和价值实现的教育。它不同于传统意义上的学科教育,更注重培养学生的综合素质、创新能力、自我管理能力、社会责任感、人文精神等方面的能力,以满足个体在多元化社会中的需求,实现个体和社会的共同发展。在大数据时代,随着信息技术等生产力的升级变革,社会关系和价值观念也随之变化,幸福教育所包含的幸福观教育、幸福能力教育、幸福评价教育等也都相应地发生了变化。

(一)大数据时代幸福观教育的新特征

价值观念是人们内心的价值取向或价值理念,是人们关于基本价值的信念、信仰和理想的系统。李德顺教授提出价值观念具有五个方面的要素,即主体意识、理想和信念、规范意识、实践意识、本位意识。幸福观作为人们价值观念的重要组成部分,也具有一般价值观念的特征。首先,幸福观具有主体性,是一定主体的幸福价值观念;其次,幸福观具有超知识性,也就是说包含某些情感化、非理性的因素;最后,幸福观具有多元性,每一个人都有自己的幸福观。价值观念之所以重要,正在于它对人的思想、感情、言论和行动起着普遍的整合和驱动作用。幸福观也具有这种功能,它对人们的幸福期盼、幸福实践和幸福评价都起着重要的驱动作用。所以,开展幸福教育最重要的是开展幸福观教育。

大数据时代的幸福观教育将呈现出更加个性化、多元化的发展趋势。幸福教育是思想政治教育的重要内容,其目的是人的价值观的塑造和引领,通过幸福教育,让人们树立正确的幸福观和价值观,从而起

到形塑人的思想和精神状态的作用,这是幸福教育的社会功能之一。
德国著名的教育家、心理学家和哲学家,在西方教育史上被誉为"科学
教育学的奠基人"的赫尔巴特认为,教育学的基本概念就是学生的可
塑性,即"由不定型向定型过渡",教育的目的就是实现这种可塑性。
为此,他提出"为了克服个人主义,每一所从整个人类教育出发的学校
都必须把人的关系作为整个教学的主要内容"。①树立正确的幸福观
是进行幸福教育的基础。幸福观是人们对幸福和对追求幸福的途径
的系统性认识。它是一个人的人生观和世界观在对待幸福问题上的
具体表现,是产生并形成幸福感的关键,对幸福感具有导向作用。幸
福是一种主观感受、心理体验,但这种主观感受和心理体验与客观世
界和现实社会是分不开的。应该把幸福观放在整个社会和历史的背
景中去审视其正确性和合理性。大数据技术的应用为教育提供了更
多的资源和信息,人们对于幸福的定义变得更加个性化。个性化的服
务、产品和体验变得更加普遍,包括个性化的医疗保健、旅游体验、社
交娱乐等。个性化带来多元化,因此人们对于幸福的期待也变得更加
多元化,不再满足于传统的定义,而是注重自我实现、探索和发展。比
如在大数据时代,一是通过数据分析和挖掘等方式,收集和分析人们
的行为数据和社交媒体数据等,可以了解人们在日常生活中的偏好和
行为特征,以及他们所关注的主题和话题等。这些数据可以帮助了解
人们的个性化幸福价值观,并提供有针对性的建议。二是采取个性
化、针对性建模等措施,通过建立个性化的模型,可以根据不同人群的
特征和需求,对幸福价值观进行量化分析,进而预测不同人群的幸福
感受和满意度。这些模型可以帮助人们更好地了解自己的需求和价
值观,并寻求更加贴合自己的幸福方式。三是运用交互式体验等方

①　赫尔巴特.教育学讲授纲要[M].李其龙,译.北京:人民教育出版社,2015:20.

式,通过设计交互式的体验和游戏等,帮助人们探索和发掘自己的幸福价值观。例如,可以设计基于心理测试和问卷调查的应用程序,以帮助人们了解自己的个性化幸福价值观。大数据技术可以帮助人们更好地发现和探索自己的幸福价值观,从而更加全面、准确地了解自己,寻求更加个性化和贴合自己的幸福方式。

(二)大数据时代幸福能力教育的新特征

幸福能力是指人们追求幸福、感受幸福和评价幸福的能力。幸福是人们在教育过程中自由实现自己的本质力量或成长理想的一种主体生存状态,对自己生存或成长状态的意义体味构成幸福感。[①] 幸福教育激发人的发展内生动力,是对于人的一切行为起发动机作用的教育,它赋予人的行为以价值和意义。要提高自身追求幸福和感知幸福的能力,就要正确认识自己的学习使命并树立正确的人生目标,要在不断创造和奋斗的过程中感知幸福。

大数据时代的幸福能力教育要在大数据等新技术引领下强化数字赋能,不断提升幸福发现、幸福创造、幸福感知、幸福评价的能力。2023 年 2 月,世界数字教育大会在北京召开,教育部部长怀进鹏作了题为"数字变革与教育未来"的主旨演讲。他指出,数字技术愈发成为驱动人类社会思维方式、组织架构和运作模式发生根本性变革、全方位重塑的引领力量,要"强化数据赋能,提升教书育人效力。数字教育的发展不仅积聚优质资源,也会沉淀海量数据宝藏,这为各国把握教育教学规律、学生成长规律,推动科学教育与人文素养相结合,推动工程教育与实践能力提升相促进,服务学生全面发展提供了重要的工具

[①]　王甲成,张超.大学生幸福教育:高校思想政治教育不可忽视的领域[J].中国特色社会主义研究,2010(1):109-112.

和平台"①。我们要充分发挥数字教育的优势,通过新技术的使用,更加全面、准确地了解人们的行为和需求,从而更好地理解幸福和满足感的来源,全方位、深层次地提高人们的幸福能力。

一是提升自我认知能力。大数据可以帮助人们更好地了解自己,例如通过分析社交媒体活动和搜索历史来了解其兴趣和偏好,或通过使用健康追踪应用程序来了解其身体状况和行为习惯。这些信息可以帮助人们更好地了解自己,从而提高自我认知能力。

二是提升社交能力。大数据可以帮助人们更好地了解社交网络中的人际关系和互动方式。例如,通过分析社交媒体数据,可以了解人们在社交网络中的行为模式和互动方式,以及人们的好友圈子和社交支持网络。这些信息可以帮助人们更好地理解社交网络的运作方式,从而提高人们的社交能力。

三是提升学习和知识能力。大数据可以帮助人们更好地获取和管理知识。如通过使用在线教育平台和数字图书馆,人们可以获得更多的学习机会和知识资源。同时,大数据可以帮助人们更好地管理和组织这些信息,以便更轻松地获取和利用知识,从而提高学习知识的能力。

四是提升健康和生活方式。大数据可以帮助人们更好地了解健康和生活方式。如通过使用健康追踪应用程序,人们可以了解自己的身体状况和行为习惯,并得到有关如何改善健康状况和生活方式的建议。同时,大数据也可以帮助人们更好地了解全球健康和疾病变化趋势,以便更好地预防和管理健康问题。

---

① 怀进鹏.数字变革与教育未来——在世界数字教育大会上的主旨演讲[J].中国教育信息化,
2023(3):3-10.

(三)大数据时代幸福评价教育的新特征

评价本质上是社会意识对社会存在的一种反映,是价值意识在主客体价值关系中的现实变现。幸福评价就是人们对幸福达成度和实现度的一种反映。幸福感就是一种生活的美感,有什么样的幸福价值观就决定了有什么样的幸福感。幸福是人的一种高级情感,它受到人的幸福观的影响,当中需要有理性和德性的参与。积极情感是构成幸福感的要素和实质内容,而积极情感是需要通过幸福教育来培养的。人的生命的积极活动构成了人的生活,积极情感是个体对自我生命的认同、肯定、接纳、珍爱,对生命意义的自觉、悦纳和沉浸,以及对其生命以及整个世界的同情、关怀,积极生命情感引人振奋、达观、昂扬向上,成为人生的动力和光明之源,幸福的人生离不开美满丰盈的积极情感。

大数据时代,人们要在技术变革下重构幸福价值评价体系。大数据给人们的生活和思维都带来了冲击,人们开始重新思考和评估科技和信息技术对幸福的贡献和影响。人们可能开始寻求利用科技和数字化来改善生活和增强幸福感,但同时需要注意科技和数字化对人类心理和社会生活的潜在风险和负面影响,着力处理好以下关系。

一是要处理平衡使用和依赖的关系。重新思考和评估人们对大数据技术的使用和依赖,可以帮助人们平衡技术和其他生活方面的需求和优先级。在使用社交媒体时,需要注意自己的时间和精力投入,避免过度依赖和消耗。

二是要处理好隐私安全的问题。重新思考和评估大数据技术对隐私安全的影响,可以帮助人们更加重视个人数据的保护。需要注意防范个人信息的泄露和滥用,避免造成不必要的风险和损失。

三是注重提升数字素养和创新能力,重新思考和评估大数据技术对数字素养和创新能力的要求和作用,可以帮助人们提高自身的技术能力和应对能力,从而更好地利用和管理技术资源和信息。需要学习和掌握数字技术的基本知识和技能,以及创新和解决问题的能力,进一步解决社交孤立、信息过载和互联网成瘾等社交和沟通问题。

第六章
大数据时代的幸福观教育

幸福是人类永恒的主题,古往今来,无数哲学家对其进行了探索,形成了各种各样的幸福观。幸福观是人们对于什么是幸福以及如何获得幸福等有关幸福的问题总的看法与根本观点,是一个人世界观、人生观和价值观在幸福问题上的具体体现。幸福观涉及人生价值和意义问题,是人们在现实生活中追求幸福的过程中所带有的根本态度和观点,具有主体性、时代性、历史性等特点,它既是个体私人化的表达与体现,又与社会因素、生活环境、文化观点有关,受到时代背景的影响,随着时代的变化而变化。大数据时代的幸福教育是在数据驱动能力提升基础上对幸福观、幸福能力和幸福评价等方面的教育,其中,幸福观教育是最基础和最根本的幸福教育。

一、大数据时代幸福观教育的基本内涵

幸福观教育是以引导人们树立正确的幸福观为根本目的的教育,是教育者运用科学的理论和有效实践,引导受教育者树立正确的幸福观的教育过程。我们秉承的幸福观教育是以追求全人类幸福为己任的

马克思主义幸福观教育。

　　关于幸福观教育的概念,不同学者提出不同的观点。柴素芳认为,幸福观教育"是指以帮助人们树立科学的幸福观为目标,以幸福的和谐状态为评价标准,提高人们认知幸福、创造幸福、体验幸福和传递幸福的能力的教育过程"①。苗露露指出:"作为一种观念体系,幸福观是不可能自发产生、不教而会的,它需要人们通过自觉学习、接受教育才能在头脑中确立起来。"②显而易见的是,幸福观教育是关于什么是幸福、如何实现幸福的思想观念,是理想信念层面的教育。进行幸福观教育的目的在于帮助青年树立正确的幸福观,解决好幸福内容、幸福期待、幸福指向等问题。

　　我们这里提到的幸福观教育,试图将研究的关注点投射于教育内容本身。开展幸福观教育,是为了深化人们对幸福的认识和理解,帮助人们树立正确的幸福观,引导人们在辛勤劳动中追求和享受幸福。诺丁斯在《幸福与教育》一书中主张把教育与幸福结合起来。教育,不仅是要培养有用之人,更重要的是培育幸福之人。我们关注幸福观教育的角度,是通过分析教育的内容来理解幸福。与此同时,进入大数据时代,幸福观教育呈现出依赖数据分析、资源整合的特征。

　　有学者提出,"在高校心理教育和思想教育领域,需要一套可以自动管理高校幸福教育相关数据的平台,可以收集数据、分析与处理数据,以及将数据以各种形式呈现,即教育大数据视域下高校幸福教育服务模式"③。依据这样的观念,我们可以发现,在大数据时代背景下,可以利用科学技术的飞速发展帮助教育者实现数据的收集和分析,以

---

① 柴素芳.大学生幸福观教育论[M].北京:人民出版社,2013:41.
② 苗露露.高校的幸福观教育[J].西部素质教育,2019(20):22-24.
③ 陆汝华,李亚兰,张雯雰,等.教育大数据视域下高校幸福教育服务模式构建[J].中国教育技术装备,2020(17):44-45,48.

用于幸福观教育的研究。但需要注意的是,大数据时代的幸福观教育是幸福观教育的新范式,这种范式,不仅仅是研究手段的更新,更是研究内容的更新,也就意味着,大数据时代的幸福观教育不仅仅是一种新的幸福教育主张、途径或者举措,也是一种在大数据时代背景下新的幸福教育理念。

　　大数据时代的幸福观教育是教育人们超越技术和数据等工具理性的限制,引导受教育者树立科学的幸福观念,增强受教育者的幸福感受,提高受教育者幸福创造能力的教育过程,提高受教育者幸福实现的能力,进而帮助人们获得更加持久的幸福体验。也就是说大数据时代的幸福观教育是指以人生的幸福为旨归,坚持马克思主义立场、观点、方法,通过对大数据技术的娴熟运用,引导广大青年学生将追求个人幸福与实现国家富强、民族复兴的宏伟目标紧密结合起来,在创造社会幸福的过程中更好地享受个人幸福。大数据时代的幸福观教育新范式的本质是进行数据赋能幸福创造新机制建构,在教育的顶层设计和人才培养中,将大学生的幸福观教育作为重要一环,通过幸福机制建构的科学化、合理化,切实提升学生幸福认知、幸福感受、幸福创造和幸福评价的能力。

二、大数据时代幸福观教育的构成机制

(一)幸福认知教育:幸福动力机制建构

　　幸福观是关于幸福的认知,也就是对幸福是什么、幸福来源于哪里等基本问题的思考。"幸福观属于人生价值观的最核心部分,它是个体对幸福的选择倾向,反映了个体在幸福取向方面的态度、观念的深层结构。"[1]这些选择倾向可分为元幸福和真幸福两个维度。

① 肖冬梅.幸福能力论[M].广州:中山大学出版社,2015:193.

所谓元幸福是关于幸福框架、幸福范式、幸福评价等幸福基本问题的认识,也就是关于幸福是什么、涵盖了什么内容、如何来衡量等幸福基本元素的认识,是幸福哲学研究的范畴。元幸福关于幸福的认识更多的是一种哲学层面上的幸福论,也就是把幸福作为人类的美好愿望,是关于人生理想状态的一种期盼。幸福是指向理想人生的,是人生意义和价值的重要支撑和构成元素,人生关于意义和价值的思索需要找到一个衡量标准和切入维度,幸福就是这种标准和维度之一。正如亚里士多德所言,"幸福是至善",这是元幸福理论的起点。

与元幸福对应的是真幸福或具体幸福,所谓真幸福是指具体到个体身上的一种关于幸福的认识和实践经验。幸福是源于过去的实践经验和人生智慧,对当下状态的一种体验和感悟。关于幸福的追寻和探索,其实是让人类拥有了时间感和历史纵深感以及指向未来的梦想感。幸福其实是融梦想、成就与付出于一体的人类思想理念共同体,通过对过去幸福经验的借鉴来获得自信力和支撑感,通过对未来幸福梦想的设想来获得方向感和目标感。过去提供的是精神动力,未来提供的是价值引领,而最终是让人们在当下寻找行动的意义和价值,也就是人生的定位和方向,从而寻找到一种行为延续和持续的内生动力。真幸福理论指向的是人生动力机制研究,所有的幸福都是人类创设的理论,是人类实践活动的指引和指导。

现有的幸福观都是在元幸福和真幸福两个维度,也就是从普遍幸福和具体幸福两个方面对幸福进行的探索,对不同方面的强调形成了诸如德性幸福观、禁欲主义幸福观、享乐主义幸福观、功利主义幸福观、整体主义幸福观等不同的幸福观。

幸福认知教育聚焦幸福认知,是教育者在幸福观教育过程中,引导大学生树立正确的幸福观,使其了解幸福内涵、动力和价值。幸福认知随着积极心理学研究热潮的到来被研究者关注,与大学生群体幸福观的认可度、满意度和价值观密切相关,幸福认知教育基于对大学生幸福认知状况的分析,对大学生进行幸福观念和价值的教育,帮助大学生树立正确的幸福观。研究显示,不同大学生群体对于幸福的认知各有差异,比如《大学生幸福认知的现状调查与教育对策分析》一文就对影响大学生幸福认知的性别差异、学历层次差异、家庭子女数量差异等做了调查研究。尽管幸福认知不同,但幸福观教育主张让学生认识幸福是什么,更重要的是了解获取幸福的途径,通过各种形式获得幸福,当遇到幸福时可以感知幸福。因此在大数据时代背景下,开展幸福观教育就是在幸福认知研究的基础上,引导大学生了解幸福的来源,明确获取幸福的动力,提升创造幸福的能力。

1.幸福动力机制

所谓幸福动力机制,指的是幸福体验者在获得幸福的过程中,应该有获取动力的规律和特点。潘澜认为,旅游者幸福感可以划分为身悦、意悦、心悦三个层面,每个层面都有不同的动力机制。[①] 而大学生的幸福动力机制,也与上述观点有着类似之处。当我们引导大学生具备了幸福认知的能力以后,在进行幸福观教育的过程中,进一步引导学生理解获得幸福具有一定的动力机制,不同程度的幸福的动力机制不同。

幸福到底源自哪里? 幸福源,顾名思义,就是指幸福的源头,是获得幸福动力的起点。基于人们对于物质生活和精神生活的追求,幸福源自坚实的物质保障、个人能力的提升、正确的内心选择、和谐的社会人际关系和恰逢其时的时代背景。

肖恩·埃科尔在《幸福原动力》一书中指出,提升积极特质可以获得持续的快乐和成功;可以通过五个步骤提升积极特质,分别是构建

① 潘澜.旅游者幸福感动力机制初探[J].长江大学学报(社科版),2014(9):177-179.

积极现实、绘制心理地图、寻找 X 点、消除噪声、积极启动。在这一理论背景下,幸福的获取是有动力基础的,这种动力的来源是"积极"的心理暗示。当我们把肖恩的快乐竞争力理论引入幸福观教育中,就会发现,幸福动力的来源也有其"积极特质",我们把这些积极特质的来源视为"幸福元素"。马克思主义认为,"劳动是创造幸福的前提和基础",幸福元素的积累与获取都依赖于劳动本身。当我们认可"劳动创造幸福"这一观念时,就会发现幸福元素指的是那些影响人的生理需求、安全需求、归属需求、尊重需求、价值需求等各方面需求得到满足的元素。在心理学中有幸福五元素——正面情绪、全心投入、正向人际、意义、成就感,分别从情绪、状态、社会关系、价值观、获得感的角度指出了幸福获得的积极特质,我们把人们在追求幸福过程中不断发挥自己的"积极特质",靠近幸福五元素,并最终获得幸福感和快乐感的过程,视为获得、收集幸福元素的过程,这也是幸福动力机制最重要的一环。

当人们掌握了幸福源和幸福元素的奥秘之后,就有了获得幸福的初步动力。对于教育者来说,在进行幸福观教育的过程中,有必要认识到,人们获得幸福是因为要满足每个人心目中不同的幸福期待。所谓幸福期待,指的是人们在收集幸福元素的过程中,对自己所能获得的幸福的程度、体验、内容和意义有所期待,收集幸福元素的过程本身就是不断满足自我幸福期待的过程。在大数据时代背景下,由于科技力量的蓬勃发展,幸福源和幸福元素呈现出多样性的特点,人们很难将其全部归纳整理,但在这种元素复杂的背景下,人们对于幸福的期待是相同的。

我们可以把幸福动力机制视为人们在追求幸福的过程中,挖掘幸福源,不断获取、收集幸福元素,逐步满足幸福期待的动态过程。

2.幸福动力机制建构对幸福观教育的影响

在幸福观教育中,我们可以把大数据时代的大学生分为两类。一类大学生因为生活在数据爆炸时代,信息荷载压力超过了自身获得幸福的动力,而成为幸福的边缘群体,他们往往感受幸福的能力较差,幸福缺失严重,幸福指数较低,跟不上快速发展的时代,逐步成为幸福社会的边缘人群,进而丧失获取幸福的能力。另一类大学生则是传统意义上获得幸福的人,他们成长在良好的环境中,对待人际交往有积极的态度,正在逐步追求更高价值、更高层次的幸福。我们研究幸福动力机制,对于这两类大学生群体都有着深远的意义。

第一类大学生群体是明显的社会边缘群体,由于时代背景和现实原因,他们往往通过媒体获得海量的幸福资讯,但本身幸福缺失现象严重,导致其心理落差更大,幸福指数下降,甚至丧失获取幸福的能力。这一类大学生,往往不能自主获取幸福,但他们并非不需要幸福,而是因为现实生活的落差,导致他们无法理解幸福是可以创造的、幸福是有动力机制的,或者对于大数据时代幸福理念的变迁不能与时俱进,从而成为大数据时代的"落伍者"。可以通过树立积极的幸福观,教育引导这类大学生群体,让他们明白,幸福认知的关键不在于明白自身与幸福之间的差距,而在于学会在大数据时代背景下创造幸福的新方法,提高获取幸福的新能力,这就是幸福动力机制建构的意义,因为创造幸福的过程中本身就可以获取幸福。

第二类大学生群体是指在大数据时代背景下那些不缺少幸福来源的社会群体,他们可能成长在幸福的家庭中,有着和谐的人际关系、积极的学业成就,已经具备汲取幸福元素的能力和意识,正在有意识地实现人生价值的成长道路上。这些人也需要更新观念,尤其是需要掌握大数据赋能幸福创造的新理念、新能力,从而提升获得持续幸福的水平。可以通过树立积极的幸福观,教育鞭策这一类大学生,鼓励他们获得更高层次的幸福,这就需要把握幸福获取的新动力,并找到获取幸福和实现个人价值之间新的平衡点,比如妥善处理共享幸福与个体幸福之间的关系等,这种平衡对于社会和谐稳定具有重要意义。

大数据时代,大学生需要利用幸福动力机制动态调整对于幸福的认知和态度,教育者有必要引导大学生重新认识幸福,产生新的幸福动力,进而衍生到行动中,进入幸福感受的新循环中。需要明确的是,在大数据时代背景下,幸福动力机制应该是动态的,时刻处于变化中,不能用静止、片面的角度看待它,只有理解它动态的特点,才可以把握创造幸福动力的意义。

(二)幸福感知教育:幸福感受机制建构

幸福感是个人对于自己生活状态的满意程度,从心理学角度分析,幸福感是人类追求新事物所带来的一种心理活动。幸福感受机制则是基于幸福感获得的背景,认为主体获得幸福具有一定的理论基础和规律,研究者对其进行归纳总结获得的幸福感受模型。随着时代的变迁,人们的生活水平不断提高,大数据时代的大学生们对于幸福感的理解不断转变,不管是理论研究还是实践调查,都可以得出显而易见的结论:当代大学生对于幸福的关注越来越多,也越来越重视幸福感受。基于此种变化,我们认为,所谓幸福感受机制,是指大数据时代,大学生在追求幸福、创造幸福、实现幸福的过程中,迫切需要教育引导他们建构的一种感受机制,这种感受机制可以教会他们如何提炼幸福元素,并把幸福元素作为幸福变量,在发现其对幸福感知的影响规律的基础上,通过调整幸福变量来提升幸福感。幸福感受机制可分为主观个体幸福感受机制和社会群体幸福感受机制。在以中国式现代化推进全体人民共同富裕的进程中,我们更加关注共同幸福感的提升,倡导树立将个体幸福融入群体幸福的幸福观。

1. 主观个体幸福感受机制

主观个体幸福感又称为主体幸福感,是个体的一种积极心理行为或愉悦状态。有学者认为,幸福包含主体的认知和情感部分,幸福认知影响幸福感受,幸福感受则是在认知的基础上,个体思考自己能否获得幸福或者获得怎样的幸福的体现,主体幸福感与情感体验相联系。主体幸福感研究认为,在感受幸福的过程中,主体的内心主观感受被无限放大,幸福感受就是凸显幸福感个体的主观性,个体的幸福感受即个体获得幸福之后的体验和态度。个体幸福感受可分为物质层次的感受和精神层次的感受,物质层次的幸福感受是指人们通过物质满足而得到的幸福感,精神层次的幸福感受则是指随着幸福感的提升,人们不再满足于物质满足带来的幸福感,而是追求更高层次的幸福感。

我们主张建构的幸福感受机制,指的是在大数据时代背景下,教育者对大学生进行幸福感受教育时,引导学生追求更高层次的幸福感,进而实现物质幸福与精神幸福的统一、个人幸福和社会幸福的统一。

马斯洛认为,物质需要和物质幸福属于较低层次的需要和幸福,精神需要和精神幸福属于更高层次的需要和幸福。显而易见,实现幸福需要一定的物质基础,在满足基本的物质需求后,人们会获得物质幸福,在此基础上,进一步追求精神幸福,实现自我价值,追求爱。找到自己的社会归属和时代定位成为人们对于幸福的高层次追求。物质幸福是精神幸福的基础,精神幸福是物质幸福的提升。以此为背景,在大数据时代,引导大学生追求更高层次的幸福感,实现幸福感提升,就是要引导大学生达到物质幸福和精神幸福的统一。

有研究者提出,主体幸福感理论强调的是随着个体修养层次(境界)的变化,个体的幸福感会相应地发生变化。[①] 由此可知,个人主体的幸福感是可以提升的。在大数据时代背景下,我们要加强幸福观教育引导,把中西幸福理念相结合,强化对个体幸福感受的全面理解。

2.社会群体幸福感受机制

西方积极心理学认为,主体的幸福感受分为主观幸福感、心理幸福感、社会幸福感几个部分,且这几个部分相互作用形成模型。马克思主义认为,人是社会中的人,如果人脱离了社会则不能称其为人。尽管幸福感受是个体化的,但每个人的幸福感受汇聚在一起就成了群体幸福,代表了社会幸福。由此诞生了幸福指数的概念。幸福指数是衡量人们对于生存和发展状况的感受的指数,是由美国经济学家保罗·萨缪尔森提出的,它通过几类指标表现人们幸福的程度,体现物质指数和精神指数对幸福的影响。经济学上通过幸福指数来量化各城市、各群体的幸福程度,与现实经济变量挂钩。幸福指数在全球名列前茅的不丹政府甚至提出以"国民幸福指数"(GNH)代替 GDP 作为衡量国民富足程度的指标,GNH 的核心价值是追求全体国民的幸福。基于此,我们认为,社会群体的幸福指数是衡量幸福感受的一个重要指标,这意味着社会群体的幸福不仅是可以感受的,也是可以研究,可以量化,可以寻找规律的。

社会群体幸福感受微妙地反映了社会进步的程度,这不仅能反映社会经济的发展变化、文化的更迭,而且能体现出个体幸福感受在这个过程中朝着某种方向汇聚。

群体幸福感受由社会成员多样的主观个体感受汇聚而成,是一种达成社会共识的幸福感受,指的是社会成员都具有获得感、认同感、公正感等美好的感受,这种感受汇聚在一起,形成集体的幸福满意。在

---

① 张晓明.主体幸福感模型的理论建构——幸福感的本土心理学研究[D].长春:吉林大学,2011.

大数据时代下,群体性幸福感受是非常重要的,它不仅是社会成员幸福感受的体现,也是社会稳定、时代和平的体现。这种群体性幸福感受的提升需要具备很多社会条件,包括社会成员潜能的开发和应用,社会成员基本需求和发展需求得到满足。社会成员的潜能得到开发和重视,比如社会群体受教育程度越高,他们对于幸福理解的能力越强,则可以更好地认知幸福、获取幸福动力、感受幸福;社会成员的潜能能够应用在自己可以发挥的范畴,比如大学生在就业选择时,充分掌握大数据技术就能够选择和自己能力、专业相匹配的就业岗位,能更充分地发挥自身的能力,则更容易实现自我价值,就很容易感受到幸福。通过大数据分析建立数据模型,人们可以全方位认识生活水平和社会保障水平的提高情况,社会成员充分认识到基本需求得到满足,尤其是社会群体的基本物质需求得到社会的充分支持,他们对于幸福感受的程度更深。社会成员的发展需要得到满足,尤其是自我价值实现的发展得到满足,比如,如果大学生对于自己的规划能够被社会认可、被时代支持,可以享受到公平的机会,则更容易产生获得感,进而获得幸福。

在大数据时代背景下,群体幸福感受提升成为全社会关注的热点和难点,而大数据提供了感受幸福的技术支撑。从幸福感受本身出发,追寻幸福感受的源头,探索幸福感受的轨迹,掌握幸福感受的方法,建构契合时代背景的群体幸福感受模型,这正是大数据时代幸福感受教育所要努力的方向。

(三)幸福实现教育:幸福实现机制建构

幸福实现指的是人们在认知幸福、感受幸福的基础上,追求幸福、成就幸福的过程。幸福实现教育指的是教育者在幸福教育过程中,引导受教育者正确认识和寻找幸福实现路径的教育。幸福实现教育是一项系统工程,存在很多相互作用的要素。在大数据时代开展幸福实现教育,要恰当地运用幸福教育方法,实现理论教育与实践相结合,寻找出科学的追求幸福的路径。

1.影响幸福实现的因素

大学生幸福感的实现机制与很多因素有关,比如经济基础、学业成就、情感状态、自我提升等方面,前文所提到的幸福元素的获取和积累,是大学生幸福感实现机制的深层路径。

个人对幸福感的体验与外部因素相关,经济基础决定上层建筑,个人经济状况的好坏对幸福实现影响很深。"通过对调查结果数据进行相关分析可知,大学生的幸福感与个人的经济状况存有明显的正相关关系,即经济状况对幸福感有着正向影响,对于经济状况比较好的学生而言,他们要比经济状况不佳的学生有着更高水平的幸福感。"①经济基础与幸福实现之间存在一定的正相关关系,在大数据时代背景下,大学生的消费欲望增加,经济状况不佳的大学生的幸福实现可能相对更难。

学业成就主要指的是大学生在大学就读期间在学业上取得的成绩,除了第一课堂的学习成绩,还有第二课堂的相关成就,包括在学习成绩、专业技能、认知能力等各方面的提升。研究者认为,心理幸福感的提升可以促进学生学业成绩的提高,与此同时,大学生的幸福感与学业满意度成正比。

情感状态主要依托于大学生社会、家庭、恋爱等人际关系对个人情感的影响,由于大学生群居的特点,人际关系的好坏对他们的幸福实现有一定影响。良好的人际关系可提升其主观幸福感,而劣性的人际关系则会降低其主观幸福感。一项调查显示,大学生认为人际关系

① 杨曦.大学生幸福感及其影响因素研究[D].杨凌:西北农林科技大学,2015.

对于幸福感的影响占 8％。

已有的研究表明，经济基础、学业情况、公共关系、情感状态都是影响幸福实现的主要因素，我们也将这些因素归纳为幸福元素，坚实的经济基础、稳定的学业情况、和谐的公共关系、愉悦的情感状态都是增强幸福感的因素，改善这些方面也成为助力幸福实现的重要内容。

2.幸福实现的路径

从幸福的概念中可以看出，幸福本身既具有主观性又具有客观性，是主观性与客观性的对立统一。就幸福而言，其主观性主要体现在它本身的心理特质。幸福作为一种心理体验、一种情感，是主观意识范畴的，即其本身是主观的，一个人是否可以感知幸福是随着自身的主观意识而变化的。而幸福的客观性则主要体现在，幸福是人们通过不断满足幸福期待而获得的心理体验，这种幸福期待被满足的过程是立足于客观现实的。因此，幸福实现要兼顾主观性和客观性因素，人的需要、欲望和目标得到实现是人们幸福感获得的过程，这个过程带给本人的体验是完全主观的，而幸福实现的结果是客观存在的。当我们探讨大数据时代的幸福实现路径时，就必须正视它本身存在的主观性和客观性。幸福实现的主观性告诉我们，不管面对什么样的境遇、遭遇什么样的情景，都必须调整自己的心态，以积极的心态了解世界，对自己和社会、时代有一个清晰的认知。通过感受生活，在感情、学业、事业等人生的各个维度与世界产生连接，尽可能多地积累幸福元素，感受幸福的存在，进而实现幸福。

幸福实现的客观性则显示出它的时代性和他者性，它的时代性体现在不同时代特征的幸福实现必然是不同的，每一个时代都具有自己的时代特征，人们在时代中能够感受幸福并不足以体现幸福的客观性，更重要的是，在不同的时代背景下，幸福实现的目标、程度和意义有所不同。在远古时代，人类社会刚刚产生的时候，物质生活极其匮乏,填饱肚子、满足基本的物质需求是人们最重要的目标,那么获取物质需求本身就是幸福实现的途径。在封建时代,人们的幸福实现开始出现分级,统治阶级的幸福实现建立在剥削之上,而被统治阶级的幸福实现则建立在物质的满足和精神的解放双重意义之上。时代发展到今天,决定幸福实现的因素越来越多,人们追求物质与精神和谐统一的诉求也与日俱增,和谐的社会秩序、良好的人际交往、高尚的生活情操等都成了幸福实现的目标,在此背景下,幸福实现的路径变得更加复杂。

在这种时代背景下,幸福实现也依托于个体和他者之间的交互关系,幸福不再是通过个人主体单独努力就可以实现的,而是通过彼此满足、彼此支持、彼此互惠而实现的。比如,我们已经认识到幸福由很多元素构成,当我们以个体身份追求幸福时,需要创造良好的家风、从容的社会秩序、宜人的环境,这些都是我们获得幸福的来源。在幸福实现依托于个体与他者之间交互关系的背景下,家风、社会秩序、环境的经营,不仅仅是为自己创造幸福的路径,也是为他人创造幸福的“温床”,这种交互关系就成为实现幸福的重要路径。这充分体现了幸福实现的主体和他者是相辅相成的,创造自己的幸福,也是为他者的幸福实现创造路径。

对于幸福教育者来说,引导受教育者树立积极的心理状态,以积极的态度认识自我和社会,发掘获得幸福的能力,提高幸福感受的层次,实现个人幸福与社会幸福相统一的和谐关系是实现幸福的重要途径。高校应该有意识地开展心理咨询和心理疏导,为幸福感缺失的大学生群体提供有效的心理支持,进而帮助大学生群体通过自我调节、自我排解,保持良好的心理状态。

结合大数据时代的特征,个性化的幸福追求成为当代大学生幸福教育的重要部分。作为幸福教育者,应该遵循大数据时代的幸福规律,构建科学的幸福观,引导大学生树立科学正确的幸福观。幸福观教育应该明确大学生应投入时代的洪流中,将自我的幸福实现与社会背景紧密结合在一起,将个人命运与时代命运联系在一起,树立共同幸福的目标。因此,我们要关注幸福主体的个人体验感,关注社会主体的集体幸福感,也要关注社会价值意义的集体实现。对新时代大学生进行幸福观教育,有利于引导大学生实现自我人生价值,提升社会整体幸福感,推进中国梦的实现进程。通过对大学生进行幸福观教育,利用科技手段整合资源,引导学生探寻达成共识的幸福需求,掌握幸福获取的动力元素,追求更高层次的幸福,实现集体幸福、人民幸福。

三、新时代青年幸福观教育模型建构及其实现路径

大数据时代需要根据时代需要开展新的幸福观教育。本节在深入研究和系统阐释新时代青年幸福观的基础上建构青年幸福观教育理论模型,对于帮助广大青年树立正确的世界观、人生观、价值观,追求有价值、有意义的人生具有重要启示意义。

(一)新时代青年幸福观的逻辑演进与核心要义

青年时期是人生观、价值观形成的关键时期,而幸福观作为人生观、价值观在现实生活中的具体体现,一旦形成将对青年人的一生产生重要影响。

1.新时代青年幸福观的逻辑演进

树立正确的人生观、价值观和幸福观对青年人至关重要。2013年5月4日,习近平总书记在同各界优秀青年代表座谈时指出:"青年面临的选择很多,关键是要以正确的世界观、人生观、价值观来指导自

己的选择。无数人生成功的事实表明,青年时代,选择吃苦也就选择了收获,选择奉献也就选择了高尚。"①强调了青年人树立正确的世界观、人生观、价值观的重要性。人生观是人们在实践中形成的对人生的根本看法,一般是由人生目的、人生态度、人生价值三部分组成。价值观是人们关于什么是价值、怎样评判价值、如何创造价值等问题的根本观点。幸福作为人生哲学关注的核心问题之一,实际上表明的是一种价值判断和关系。幸福观与价值观、人生观融为一体,是人生观、价值观在幸福领域的具体体现,也是人生观、价值观的核心内容。一般来说,幸福的人生与有价值的人生是正相关关系,幸福的人生被认为是有价值的人生,有价值的人生可以称为幸福的人生。幸福观的培育是青年人生观、价值观培育的重要内容,只有树立了正确的幸福观,才会形成正确的人生观和价值观。

没有理想信念,就会导致精神上"缺钙"。青年思想教育的核心内容是重视青年人理想信念和人生观、价值观培育,给青年人补足"钙"。习近平总书记曾用"系扣子"的比喻来形容青年期价值观形成的重要性,"青年的价值取向决定了未来整个社会的价值取向,而青年又处在价值观形成和确立的时期,抓好这一时期的价值观养成十分重要。这就像穿衣服扣扣子一样,如果第一粒扣子扣错了,剩余的扣子都会扣错。人生的扣子从一开始就要扣好"②。一个人成熟的标志是形成了自己的世界观、人生观和价值观,这个过程是在青年期完成的,作为人生观、价值观重要组成部分的幸福观也基本上是在这个时期形成的,可以说,选择了什么样的幸福观,就选择了什么样的人生道路。

2.新时代青年幸福观的核心要义

马克思曾说,个人的幸福从来就不是纯粹个人的,自私自利之人

① 习近平.习近平谈治国理政:第1卷[M].北京:外文出版社,2018:54.
② 习近平.习近平谈治国理政:第1卷[M].北京:外文出版社,2018:172.

是没有快乐和幸福的。历史认为那些专门为公共谋福利从而自己也高尚起来的人是伟大的。经验证明,能使大多数人得到幸福的人,本身也是幸福的。

(1)以人民幸福为核心的幸福观。2016 年 7 月 1 日,习近平总书记在庆祝中国共产党成立 95 周年大会上的讲话中曾引用李大钊同志的话,指出青年要"为世界进文明,为人类造幸福,以青春之我,创建青春之家庭,青春之国家,青春之民族,青春之人类,青春之地球,青春之宇宙,资以乐其无涯之生"①,强调了广大青年要以造福人类为己任。2015 年 7 月,习近平总书记在致全国青联十二届全委会和全国学联二十六大的贺信中写道:"国家的前途,民族的命运,人民的幸福,是当代中国青年必须和必将承担的重任。"②指出人民幸福是广大青年的重任。2016 年 4 月,习近平总书记在知识分子、劳动模范、青年代表座谈会上提出,广大青年"要以国家富强、人民幸福为己任,胸怀理想、志存高远,投身中国特色社会主义伟大实践,并为之终生奋斗"③。党的十九大报告指出,中国共产党的初心和使命是为中国人民谋幸福,为中华民族谋复兴。

人民幸福是新时代青年幸福观的本质和核心,解决了幸福的终极目标问题,包括两层含义:一方面,肯定了人们追求幸福的权利和诉求。进入新时代,随着社会主要矛盾的变化,以美好生活为指向的幸福成了人们的新向往、新追求、新期盼,幸福成了新时代人们前行的新驱动力。另一方面,体现了"以人民为中心"的根本立场。以人民幸福作为出发点和落脚点,坚持以人民为中心,增进人民福祉,促进人的全

---

①　习近平.在庆祝中国共产党成立 95 周年大会上的讲话[N].人民日报,2016-07-02(2).
②　习近平.习近平致全国青联十二届全委会和全国学联二十六大的贺信[N].人民日报,2015-07-25(1).
③　习近平.在知识分子、劳动模范、青年代表座谈会上的讲话[N].人民日报,2016-04-30(2).

面发展,朝着共同富裕的方向稳步前进。广大青年唯有树立以人民幸福为核心的幸福观才能克服自我中心主义的局限,将自我融入集体,将个体幸福融入社会幸福,在为社会创造幸福的过程中实现个人幸福。

(2)以美好生活为现实指向的幸福观。人民对美好生活的向往,就是我们奋斗的目标。青年幸福观并非指向空洞的理论和抽象的道德,而是指向美好生活,既包括全体人民的美好生活,也包括青年个体的美好生活,可以从两方面理解:一是从整体层面看,让人民过上美好幸福的生活带有普遍性意义,是人的生活状态的全面提升,也就是人的外部生活条件和内部精神世界的全面改善和满足,是物质和精神需要的全面满足,实现的是一种整体幸福。二是从个体发展角度看,让个人得到全面发展。幸福不仅是全体人民的幸福,也是每个个体的幸福。只有让个体得到全面发展,人的本质力量得到体现,人才能实现自身价值和意义。美好生活也是个体存在的一种理想状态,实现的是一种个体幸福。

青年幸福观既尊重历史发展规律,在推动整个人类社会发展的历史中认识幸福,又从个体发展的进程中认识幸福,鼓励广大青年积极投身人类进步事业,推动历史的进步和发展,增进整个人类的福祉,也鼓励广大青年在推进人类整体事业的进程中实现自身发展,体现自身价值。

(3)以永久奋斗为实现路径的幸福观。习近平总书记多次强调,"幸福不会从天而降,梦想不会自动成真"[1],"美好生活靠劳动创造"[2],"幸福都是奋斗出来的,奋斗本身就是一种幸福"[3]。这既说明

---

[1]　习近平.习近平谈治国理政:第1卷[M].北京:外文出版社,2018:44.

[2]　习近平.在知识分子、劳动模范、青年代表座谈会上的讲话[N].人民日报,2016-04-30(2).

[3]　习近平.在北京大学师生座谈会上的讲话[N].人民日报,2018-05-03(2).

了奋斗是实现幸福的手段和途径,又说明了奋斗本身构成了幸福。习近平总书记鼓励广大青年要励志,立鸿鹄志,做奋斗者。勉励他们珍惜这个伟大时代,做新时代的奋斗者。[①] 他还鼓励广大青年培养奋斗精神,"当代中国青年要有所作为,就必须投身人民的伟大奋斗。同人民一起奋斗,青春才能亮丽;同人民一起前进,青春才能昂扬;同人民一起梦想,青春才能无悔"[②]。

　　幸福是物质性与精神性的统一体,是人的本质力量外化的理想状态,是人们通过实践实现了自身的需求,或者通过实践创造了新的价值,实现自身增值和完善。幸福实际上是人们对自身活动结果的确认,是对自身活动赋予价值和意义的过程,体现了人的主观能动性。青年幸福观就是让广大青年通过奋斗实现包括自己在内的广大人民的幸福。奋斗的幸福观包含三层含义:一是幸福通过奋斗来实现。奋斗是实现幸福的一种途径,在幸福目标的指引下,广大青年通过拼搏奋斗,积极建功立业,为社会创造财富和价值,让青春在为祖国、为人民、为民族的奉献中焕发出绚丽光彩。他们燃烧了青春,成就了辉煌事业,造福整个人类。奋斗是青春的题中应有之义,青春是用来奋斗的,唯有通过奋斗才能实现幸福。二是奋斗本身就是一种幸福。奋斗的过程是幸福的一部分,奋斗的过程是有理想信念、有梦想、有激情的实践过程,是充实而丰盈的过程。奋斗是青春最亮丽的底色,青年人在奋斗中体现出一种斗志昂扬的精神状态,体现出一种积极愉悦的感情状态,这本身就是幸福的外在表现。奋斗的过程让人处在幸福中,奋斗的人生有理想、有目标、有方向、有动力、有行动、有结果,带给人的是充实感和喜悦感。三是奋斗成就了有意义的人生,给人以获得感和幸福感。人生是一个不断创造的过程,人生的意义和价值唯有通过

①　习近平.在北京大学师生座谈会上的讲话[N].人民日报,2018-05-03(2).
②　习近平.致全国青联十二届全委会和全国学联二十六大的贺信[N].人民日报,2015-07-25(1).

实践才能得到体现,也就是在奋斗中体现出来。人类通过奋斗将其本质力量表现出来,将自己的才能体现出来,奋斗的过程印证了人的存在,实现了人的价值,人在创造世间万物的同时也创造了自己。

(4)以中国梦驱动的幸福观。中国梦是追求幸福的梦,是中华民族的梦,也是每个中国人的梦。幸福是一种理想的生活状态,中国梦是对未来的美好期盼,二者都指向未来,是人生发展和前行的内生动力。以中国梦为驱动,是新时代青年幸福观独特魅力的体现。

首先,中国梦是人民追求幸福的梦,人民的幸福是在中国梦驱动下的幸福。中国梦的本质是国家富强、民族复兴、人民幸福。中国梦是国家梦、民族梦、人民梦的统一,人民幸福是中国梦的题中应有之义,中国梦就是人民一起奔向幸福的梦,最后的归宿和落脚点是实现人民幸福。其次,人民幸福是中国梦的核心内容,中国梦是人民幸福在未来的体现。梦想是对未来的期盼,科学的梦想可以转化一种力量。中国梦是中华民族的理想信念和信仰,可以起到凝聚人心的作用,让大家同心同向,朝着一个方向努力。人民幸福是中国梦的核心内容,中国梦把国家追求、民族向往和人民期盼融为一体,是中华民族团结奋斗的最大公约数和最大同心圆,能充分调动起广大青年人的激情和热情,为实现人民幸福努力奋斗。新时代青年幸福观是中国梦驱动下的幸福观,是关于广大青年在中国梦引领下奋发图强一起逐梦的伟大构想。

(二)新时代青年幸福观教育理论模型

关于幸福的概念,仁者见仁,智者见智。公元前 5 世纪,希腊智者高尔吉亚认为,一个人的幸福生活就在于得到任何想要的,将幸福等同于欲望的满足。古希腊哲学家苏格拉底认为,人类最大的幸福就在于每天能谈谈道德方面的事情,强调了道德对幸福的重要性。休谟则认为,"正是劳动本身构成了你追求的幸福的主要因素,任何不是靠辛勤努力而获得的享受,很快就会变得枯燥无聊,索然无味"[①]。功利主义者穆勒提出:"所谓幸福,是指快乐和免除痛苦;所谓不幸,是指痛苦和丧失快乐。"[②]哲学家们关于幸福的探讨都零星地涉及幸福主体、幸福指向、幸福实现、幸福目标等幸福关键要素,本书对新时代青年幸福观涉及的关键要素进行探索,通过一种理论化的模型处理,建构出新时代青年幸福观教育理论模型(见图 6-1)。

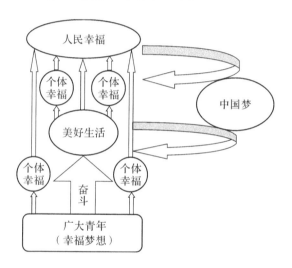

图 6-1 新时代青年幸福观教育理论模型

1.幸福主体:人民和青年个体

幸福主体反映了"谁在追求幸福"和"为了谁的幸福"的问题,幸福主体是幸福的起点,也是幸福的终点,幸福活动由幸福主体发起,并始终围绕幸福主体开展。当幸福主体产生了一定的幸福期待时,幸福活动开始启动;当幸福活动达到了设定的幸福目标或幸福标准时,幸福活动告一段落。任何幸福活动都离不开幸福主体的主导。传统的幸

---

① 陈卫华.幸福哲学与人生困惑[M].南昌:江西人民出版社,2015:3.
② 穆勒.功利主义[M].徐大建,译.北京:商务印书馆,2014:8.

福观一般把幸福主体归结为特定个体或群体,是哲学家、道德家、政治家、心理学家关于幸福的思考,思考的出发点是如何实现自己的幸福或特定个体或群体的幸福。新时代青年幸福观则呈现为人民和青年个体都是幸福主体,二者一个是显性主体,一个是隐性主体。

首先,人民是幸福的显性主体。人民是历史的创造者,是新时代青年幸福观的显性主体,位于模型图的最上端,青年个体奋斗的最终指向是实现人民的幸福。中国共产党要实现人民的幸福,广大青年也要为实现人民的幸福而奋斗。其次,怀揣幸福梦想的青年个体是青年幸福观的隐性主体,即人民幸福的施动者、发起者和间接受动者,位于模型图的底层位置。从幸福主体要素看,青年幸福就是广大青年为了实现包括自己在内的广大人民的幸福而开展的一系列幸福实践活动,青年是实践活动的主体,实践活动的目的是实现人民的幸福。

2. 幸福目标:人民幸福与个体幸福

幸福目标是幸福活动的目的,既包括终极层面的目标,也包括过程层面的目标。正如罗素在《幸福之路》中所言:"对于某件事情的信仰,是大多数人的快乐之源。"[①]幸福目标就是对某一理想或信念的坚定信仰,是人们源自心底的追求和实现幸福的驱动力。康德有句名言:"永远不要把人类仅仅当作工具,而要把他们当作目的。"[②]新时代青年幸福观的目标既指向作为整体层面的人民幸福,也指向个人层面的青年个体幸福,前者是终极目标,后者是阶段性目标。首先,人民幸福是青年幸福观的终极目标。人民幸福是普遍意义上的幸福,位于模型图顶端。人民幸福的实现要靠无数青年个体的奋斗。其次,个体幸福是青年幸福观的阶段性目标。幸福实现是一个实践过程,在实践过

---

① 罗素. 幸福之路[M]. 傅雷,译. 南京:江苏凤凰文艺出版社,2017:108.

② 赫舍尔. 人是谁[M]. 3版. 隗仁莲,安希孟,译. 贵阳:贵州人民出版社,2019:65.

程中,通过奋斗,广大青年无形中收获了个体幸福。有理想有目标、有
奋斗有拼搏、有作为有收获的人生是幸福的。青年个体在奋斗的过程
中为社会、为人民做出了贡献,创造了社会价值,也实现了自身价值。
在这个过程中,青年收获了成就感、获得感和幸福感。奋斗的人生遍
地是幸福,选择了奋斗的人生,也就选择了通往幸福的正确道路。

历史上有个人主义幸福观,也有群体主义幸福观。马克思主义认
为,人具有类存在的特征,人的本质在其现实性上是一切社会关系的
总和。个体不能脱离群体,个体是群体的组成部分;群体也离不开个
体,群体由个体组成。新时代青年幸福观既探讨了终极意义上的幸
福,即普遍幸福意义上的人民幸福,也探讨了过程意义上的幸福,即特
殊意义上的个体幸福,是个体幸福与人民幸福融为一体的幸福观。新
时代青年幸福观最本质的特征就是广大青年要以全体人民的幸福为
终极目标,将个人幸福融于人民幸福,在追求实现人民幸福的过程中
实现个体幸福。这与马克思主义的价值观是完全一致的,体现了个体
价值与社会价值的辩证关系。

3.幸福指向:美好生活

幸福指向是指幸福的具体内容,一般包括幸福的具体内容和评价
标准问题,传统的幸福观一般指向财富、道德、欲望或指向满足、快乐、
愉悦、充实,如伊壁鸠鲁等享乐论者认为,生活的目标就是最大限度地
体验快乐。新时代青年幸福观则指向美好生活,是现实层面的幸福目
标和评价标准,是幸福的具体内容,位于幸福模型的中间位置,广大青
年的幸福实践活动都是围绕美好生活展开的。幸福是一种理念,是人
们的一种理性认识,而美好生活是这种理念在现实中的具体体现。没
有美好生活的现实支撑,幸福只是空中楼阁。同时,美好生活源于现
实,指向现实,看得见,摸得着,是实实在在的存在,也是幸福驱动力最
有力的指挥棒。美好生活包含的内容十分广泛。党的二十大报告强

调，坚持在发展中保障和改善民生，鼓励共同奋斗创造美好生活，不断实现人民对美好生活的向往。其所指的美好生活不仅包括物质文化生活方面的内容，还包括民主、法治、民生、公正、安全、环境等方面的内容，是"人的全面发展、社会全面进步"的生活，是人民有"获得感、幸福感、安全感"的生活。所以，美好生活与人民幸福是相辅相成的，人民幸福体现的是目标价值和理念价值，美好生活体现的是工具价值和现实价值；人民幸福是美好生活的终极目标，美好生活是人民幸福的具体体现和衡量标准。

4. 幸福实现：奋斗

幸福实现探索的是幸福的实现途径问题。有些人认为，通过财富的积累和私有财产的积聚可以实现幸福；有些人提出，通过控制欲望、调整心态、修身养性、修德等方式可以实现幸福。马克思主义认为，劳动是幸福之源，劳动是人实现存在意义的手段和方式，"劳动的对象是人的类生活的对象化：人不仅像在意识中那样在精神上使自己二重化，而且能动地、现实地使自己二重化，从而在他所创造的世界中直观自身"[1]。新时代青年幸福观最亮丽的特色是奋斗的幸福观，因为奋斗是青年人的青春底色，最符合青年人的个性特征和成长规律。习近平总书记指出："奋斗者是精神最为富足的人，也是最懂得幸福、最享受幸福的人。"[2]模型图中所有箭头都表示奋斗，可以看出，奋斗无处不在，奋斗贯穿于幸福实现的整个过程。青年人为美好生活奋斗，为人民幸福奋斗，为以中国式现代化全面推进中华民族伟大复兴奋斗，在奋斗的每一个阶段都有收获，都有成长，这些都是点点滴滴的个体幸福。而正是这点点滴滴的幸福最后汇聚成了人民幸福，人民幸福是总

---

① 马克思.1844 年经济学哲学手稿[M].中共中央马克思恩格斯列宁斯大林著作编译局，编译.北京：人民出版社，2018：54.

② 习近平.在 2018 年新春团拜会上的讲话[N].人民日报，2018-02-15(2).

目标、总方向，个体幸福蕴含于为实现人民幸福而奋斗的整个过程中，即幸福是奋斗出来的，奋斗本身就是一种幸福。

5. 幸福驱动：中国梦

新时代青年幸福观与传统幸福观相比，增加了一个关键要素，即幸福驱动，中国梦是青年幸福观的驱动力。党的十八大以来，党中央高度重视思想精神引领作用，提出了"伟大斗争、伟大工程、伟大事业、伟大梦想"的治国理政方针理论。伟大斗争、伟大工程和伟大事业都需要以中国梦引领，新时代青年幸福观也体现了中国梦引领幸福实践的伟大构想。中国梦是幸福实践的驱动力，幸福实践需要中国梦引领。中国梦就是中国人民的幸福梦，是整个中华民族精神的凝聚，所起的是凝聚人心、同心同向的作用。人民幸福是中国梦在理念层面的终极体现，美好生活是中国梦在现实层面的具体体现。中国梦是人民幸福得以实现的驱动力，人民幸福是一个不断充实、不断完善的实践过程，为了持续存在，需要中国梦的引领。

（三）新时代青年幸福观教育理论模型的理论价值

理论模型是对某种理论的系统梳理和高度概括，既呈现了构成理论的关键要素，也呈现了要素之间的相互关系。理论模型的构建是为了更好地掌握和运用某种理论。新时代青年幸福观理论模型的建构对我们深入系统把握新时代青年幸福观，并将其运用到思想政治教育和幸福教育实践中具有很强的理论价值和指导意义。

1. 呈现了新时代青年幸福观的理论渊源

新时代青年幸福观既与马克思主义幸福观一脉相承，又是对马克思主义幸福观的新发展，体现了从"温饱需要"到"幸福需求"的时代变化和从"生存驱动"到"幸福驱动"的时代特征。新时代青年幸福观继承了马克思主义的劳动创造幸福、一切为了人民大众的幸福和通过共产主义实现人的自由全面发展的思想,体现了历史唯物主义、辩证唯物主义和马克思主义认识论的理论特征。同时,新时代青年幸福观又是马克思主义幸福观在新时代的发展和在青年发展问题中的具体运用。新的时代背景下,幸福的能指和所指发生了变化,人们对幸福的认识和对幸福的期待也发生了变化,将青年幸福的落脚点放在人民对美好生活的期待,将实现青年幸福的途径归结为永久奋斗,将青年幸福与中国梦联结在一起。

2. 呈现了新时代青年幸福观深厚的哲学意蕴

新时代青年幸福观体现了鲜明的整体思维、实践品格和可持续发展理念,具有深厚的哲学意蕴。

新时代青年幸福观体现了一种整体思维,是一种整体幸福观,将国家、民族、人民融为一体。我们要始终从"国家富强、民族复兴、人民幸福"三位一体的总体格局中来看待幸福问题,人民幸福离不开国家富强、民族复兴,国家富强和民族复兴的归宿和落脚点是人民幸福。国家富强、民族复兴与人民幸福密不可分,这是新时代青年幸福观的出发点,即幸福问题不是个人或个体问题,而是始终与国家、民族、人民的利益联结在一起,始终与国家、民族、人民的命运联系在一起。广大青年要将个人幸福融入为实现国家富强、民族复兴、人民幸福奋斗的伟大事业之中。新时代青年幸福观是全面的幸福观,涵盖了人类生活的方方面面,始终用一种整体思维来考虑幸福问题,从普遍与特殊、主观与客观、个体与全体、个人与社会的辩证统一关系中来认识和把握幸福。

新时代青年幸福观体现了很强的实践特性,是一种实践论幸福观,与静态的结果论幸福观和唯心主义的主观论幸福观截然不同,它坚持的是一种生成论幸福和过程论幸福。幸福是一种指向人类自身的实践活动,幸福只有在实践活动中才得以实现。人在实践活动中,一方面创造了能够满足自身发展的物质条件,获得了享有幸福的基本条件;另一方面挖掘了人作为人的内在本质力量,获得了精神层面更为深沉的幸福感。

新时代青年幸福观还体现了可持续发展理念,是一种可持续幸福观。我们要以发展的眼光来看待幸福问题,形成一种开放、包容、大气的格局。

3.呈现了新时代青年幸福观的价值取向

新时代青年幸福观有很强的现实针对性,体现了"人民至上""无私奉献""求真务实""同心同向"的价值取向,对于当代青年克服自身局限,树立正确的人生观、价值观,实现自我价值和生活幸福具有重要的启示意义。

新时代青年幸福观是一种"类"幸福观,体现了"一心为公、人民至上"的思想境界。利他性、集体主义是新时代青年幸福观在价值取向上的最大特点,即坚持人民至上,将个体幸福与人类幸福相结合,利他为先,在利他的过程中实现自己的幸福和价值。

新时代青年幸福观体现了"先人后己、无私奉献"的政治品格。广大青年既是追梦者,也是圆梦人。追梦需要激情和理想,圆梦需要奋斗和奉献。只有进行了激情奋斗的青春,只有进行了顽强拼搏的青春,只有为人民做出了奉献的青春,才会留下充实、温暖、持久、无悔的青春回忆。有信念、有梦想、有奋斗、有奉献的人生,才是有意义的人生。奉献是无私地给予,是人生中最崇高的行为。正如哲学家赫舍尔所言,"对自己来说,人是不充分的,如果生命不为自我以外的目的服务,如果生命对别人没有价值,那么生命对人就没有意义"①。人生的

---

① 赫舍尔.人是谁[M].3版.隗仁莲,安希孟,译.贵阳:贵州人民出版社,2019:65.

价值和意义在奉献中得以彰显。为人民幸福而奋斗本身就是一种奉献,而这种奉献是世界上最大的幸福。

新时代青年幸福观体现了"求真务实、真抓实干"的担当实干精神。广大青年要牢记"空谈误国,实干兴邦","幸福不会从天降,美好生活靠劳动创造","青年一代有理想,有作为,有担当,国家就有希望"。一方面,"求真务实、真抓实干"才会有丰硕的成果,才会最终实现人民幸福;另一方面,担当实干的过程带给我们的是充实感,其结果带给我们的是获得感,最后都汇聚成了幸福感。

新时代青年幸福观体现了"同心同向、梦想驱动"的坚定理想信念。新时代青年幸福观是一种梦想驱动的幸福观,指向人生终极目标和方向。幸福实践是幸福梦想驱动下的实践活动,可以说幸福梦想有多大,幸福就有多大。幸福梦想也可以称为幸福期待,是决定人们幸福与否的首要因素,幸福实现在一定程度上依赖于幸福期待。幸福的人一般有三个特点:首先,要有一定的幸福认知和明确的幸福期待;其次,要实现个人期待与社会期待的同质同向,也就是个体要认同社会主流意识形态认可的幸福期待;最后,个人幸福期待要适度,有合理的区间,既要有一定的挑战性,又要是经过一定努力可以实现的。幸福期待的缺失或不适合也是造成人们不幸福的重要原因之一。幸福缺失大致有三个原因:第一个原因是幸福知识的匮乏或对幸福的错误认知。对一个从来没有思考过幸福问题的人来说,幸福根本无从谈起,要想生活幸福,首先要播种下幸福的种子,知道幸福是什么、如何实现幸福。幸福不是与生俱来的,而是人们对理想生活状态的一种评判和期盼,有了幸福梦想的引导,原来无序、无方向的生活变得目标明确、井然有序,这也是幸福学对人类行为的最大贡献。第二个原因是个人幸福期待与社会幸福期待的冲突和割裂。如果个人幸福期待与社会主流认可的幸福期待反向,个体与社会不相容,个体生活在分裂和焦虑中,幸福也无从谈起。第三个原因是幸福期待不合适。期待太低则太容易实现,难以维系幸福的持久感;期待太高则实现不了,难以体会到幸福的获得感。新时代青年幸福观既解决了幸福动力问题,也解决了幸福期待问题。广大青年树立了以中国梦为期待和动力的幸福观,在实现幸福的征程中将更加动力十足和方向明确。

(四)新时代青年幸福观教育理论模型的实践价值

对广大青年来说,解决人生目标和方向问题、系好"人生第一粒扣子"、补足精神之钙至关重要,新时代青年幸福观教育理论模型体现了以当代中国共产党人的根本价值取向和实践努力方向,为大学生确立自己的价值取向提供了根本遵循。新时代青年幸福观教育理论模型具有很强的实践价值,可以更好地把新时代青年幸福观"融入课堂、融入生活、融入实践",其实践是深化高校思想政治教育改革的有效措施和有效路径。

1. 融入课堂,以新时代青年幸福观引领广大青年做有理想信念的好青年

当下,"佛系青年"成为一种文化现象,芸芸众生中存在一定数量的青年崇尚一切随缘、不苛求、得过且过、不太走心的活法。大数据时代,有部分学生沉迷网络游戏、网络视频、网络小说、网络交友、网络直播、网络购物,最后不能正常毕业或中途被学校勒令退学。这些人内源动力不足,"思想总开关"出了问题,产生了幸福疏离等现象。新时代青年幸福观为广大青年提供了精神之钙。高校要以新时代青年幸福观为引领,强化思想政治教育和思想引领,引导广大青年"系好人生第一粒扣子"。新时代青年幸福观与广大青年成长密切相关,高校要深化对新时代青年幸福观的研究,将其纳入思政教育课程体系,以适

当的形式体现在大学生思想道德修养、形势与政策、大学生就业指导与规划等课程中,讲好习近平总书记关于青年幸福观的重要论述以及带领全国人民通过不懈奋斗赢取幸福的故事,引导大学生树立坚定的理想信念和正确的人生目标。

2.融入生活,以新时代青年幸福观引领青年做心系人民、无私奉献的好青年

当下,青年中出现了"啃老族""精致的利己主义者"等人群。有些学生贪图享乐、投机取巧,不肯付出、不肯吃苦;有些学生心中只有自己,没有底线和红线意识,为了自己的个人利益置国家和民族利益于不顾,形成了"幸福茧房"问题。这些都与新时代青年作为奋斗者的身份不相符。新时代青年幸福观具有很强的实践性。高校要创新思政教育工作载体,积极探索"互联网+思政"的实现可能,借助微信群、QQ群等新媒体平台,讲述和传播新时代新青年的奋斗成长故事,分享一些优秀同学在服务基层、参加"两项计划"和志愿服务活动等服务人民、奉献社会的实践中的幸福经历和体验,把新时代青年幸福观与学生日常生活紧密结合,引导学生在日常学习、职业规划、就业选择等方面自觉把新时代青年幸福观作为一种价值取向、价值追求、价值选择,内化为人生发展的内源动力。

3.融入实践,以新时代青年幸福观引领广大青年做担当有为的好青年

2014年2月,习近平主席在接受俄罗斯电视台专访时说:"我的执政理念,概括起来说就是:为人民服务,担当起该担当的责任。"①党的二十大报告中包含对广大青年"立志做有理想、敢担当、能吃苦、肯奋

---

① 杜尚泽,陈效卫.习近平接受俄罗斯电视台专访[N].人民日报,2014-02-09(1).

斗的新时代好青年"的殷切希望。"担当有为"也是新时代青年幸福观的重要内容,广大青年在奋斗实践中,只有做到担当有为,才能梦想成真,实现幸福目标。高校要加强大学生社会实践教育,把新时代青年幸福观融入实践教育的各个环节,以中国梦、人民幸福为驱动,鼓励引导大学生积极创新创业,在创新创业实践中领悟"青春是用来奋斗的""幸福都是奋斗出来的"的幸福观的真谛。

新时代青年幸福观系统回答了"青年应该追求什么样的幸福"和"青年如何追求幸福"的问题,实际上是为广大青年指明了人生努力的方向。新时代青年幸福观要解决的是物质相对丰盈年代青年人的人生追求问题,也就是在一定程度上实现了物质自由之后的青年人的幸福问题。

大数据时代,当劳动已经基本超越了谋生手段,当物质满足的诱惑不再成为人们的期待时,该以什么作为人们实践活动的驱动力?幸福问题实质上是对人生意义的回归和人生价值的追问,探讨的是人为什么活着和怎样活着更有意义的问题,这是每个人都必须面对的深层次问题。尤其是对广大青年来说,当超越了将升学作为单一目标和单一期待的人生状态后,他们开始思考人生更深层次的问题,开始规划自己的未来,开始确定自己的价值取向,形成自己的幸福观、价值观和人生观。关于幸福的思考实际上就是对于人生意义和价值的追问,当一位青年认同并接受了新时代青年幸福观的时候,他已经迈出了通往幸福人生的第一步。

第七章
大数据时代的幸福能力教育

　　美国著名的教育家杜波依斯提出："教育不能只是教人如何工作——教育必须教人学会如何生活。"在这句话的基础上,我们可以提出:教育不仅要教人学会生活,更要教人学会幸福地生活。

　　幸福是一种体验,更是一种能力。幸福教育的目的是使人们获得幸福,教育家乌申斯基说："教育的主要目的在于使学生获得幸福,不能为任何不相干的利益牺牲这种幸福,这一点当然是毋庸置疑的。"亚里士多德也认为,通往幸福的道路并非全由治疗或谈话来实现,而是与教育及行动有关。幸福教育一般包括幸福观教育、幸福能力教育、幸福评价教育等内容,其中幸福能力是幸福教育的落脚点,也是正确的幸福观和良好的幸福评判的基础。

　　关于什么是幸福能力,研究者主要有以下观点。柴素芳认为,幸福是一种能力,包括创造幸福条件的能力和感受幸福的能力两个方面。[①] 刘次林在《幸福教育论》中指出,"幸福能力是人们发现、创造和

----

① 柴素芳.大学生幸福观教育论[M].北京:人民出版社,2013:22.

享受幸福的能力"①,是人的生理幸福能力、心理幸福能力和伦理幸福能力的辩证统一。肖冬梅在《幸福能力论》中将幸福能力定义为:"幸福能力,是在基本生活需要得到满足的前提下,人依照生命存在之理,以更新生命活动方式、改变生命存在的多重世界内部以及相互之间的关系为着眼点,超越遗传因素和生活境遇的限制,进而改善生命存在方式与状态,不断实现内源性发展需要的满足,获得生命存在的某种完满体验并将其延续、拓展,不断地将生命存在推向整体完满的本领。"②这种本领只可能在实践中形成和发展。只有将正确的幸福观、良好的幸福品质与实践活动结合起来转化为幸福能力,人们才能获得持久的幸福感。

获得幸福究竟需要哪些能力呢? 我们认为,人们需要具备丰富的幸福认知力、感受力、创造力和评判力。这些能力并非与生俱来的,而是需要经过长期的磨砺和培养才能逐渐形成,即通过幸福能力的教育养成,这里就包括幸福认知能力、幸福感受能力、幸福创造能力、幸福评判能力等四个方面的教育和培养。为了更好地提升幸福能力,我们将深入分析大数据时代幸福能力教育的意义,从提升幸福认知能力、幸福感受能力、幸福创造能力、幸福评判能力等四个方面探讨大数据时代幸福能力教育的策略。

一、大数据时代幸福能力教育的内涵和意义

随着大数据时代的到来,我们进入了一个信息爆炸的时代,每个人都能轻松获取大量的信息,但同时也面临着信息过载的困境。在这种情况下,幸福能力教育显得尤为重要。

---

① 刘次林.幸福教育论[M].北京:人民教育出版社,2003:191.
② 肖冬梅.幸福能力论[M].广州:中山大学出版社,2015:61.

　　一方面,大数据可以为幸福能力教育提供更多的支持和资源。我们可以利用数据分析和数据挖掘技术,深入研究人类幸福的本质和影响因素,从而为提升幸福力提供更有效的方法和工具。通过收集和分析大量的幸福数据,深入了解幸福的本质和影响因素,例如社交关系、心理健康、经济状况等,探索不同群体的幸福需求和偏好,更好地了解人们的需求和心理状况,为不同人群提供个性化的幸福教育和服务。通过分析人们的兴趣爱好和学习习惯,提供更合适的学习内容和方式,以及通过情感分析和心理测试等方式,帮助人们了解自己的情感状态和压力水平,从而更好地调节自己的情绪和行为。我们也可以把大数据技术应用于幸福教育的实践中。例如,通过智能化的幸福课程和学习系统,我们可以根据学生的个性化需求和学习进度,提供相应的教学资源和反馈。同时,我们可以利用数据分析技术,监测学生的学习进度和表现,及时调整课程内容和教学方式,以提升教学效果和学生的幸福感。此外,大数据技术还可以应用于幸福服务领域。例如,我们可以利用数据分析技术,挖掘用户的偏好和需求,提供个性化的幸福服务,例如婚姻咨询、心理治疗等。

　　另一方面,大数据时代也带来了新的挑战和风险,大数据的时空超越性使人们的探索欲和求知欲膨胀,导致在大数据时代之前人们认为幸福的事情,在大数据时代可能已经无法给人们带来幸福。海量的信息和有针对性的推送使人们在一定程度上形成了数据依赖和路径依赖,人们看到的都是与自己相关和相似的或者大数据想让人们看到的东西。人们的视野被限制,思维被禁锢,丧失了思考的快乐和幸福,而思维上的幸福恰好是一种深层次的幸福。大数据实现了全样本数据,能让人们对事物有整体性的认识,但在一定程度上限制了人们对细节的追求和想象,丧失了深入细节带来的幸福感。大数据也带来了个人隐私泄露等信息安全问题。

因此,在大数据时代,我们既要充分发挥大数据对幸福能力提升的积极作用,也要采取相关措施尽量减少和规避其给幸福实践带来的负面效应。只有这样,我们才能更好地应对大数据时代带来的挑战,才能够更加幸福和健康地成长。

二、大数据时代幸福认知能力的提升

幸福认知能力就是具备正确的幸福观、不断充实丰富幸福内涵的能力。幸福认知能力是幸福其他能力的基础,不能正确地认识幸福就不可能拥有幸福能力。只有正确认识和理解幸福,才可能体会幸福的真谛,才可能获取通往幸福的途径和办法。经历同样的事情,不同的人或变化了生存条件的相同的人,是否产生幸福感,以及产生什么样的幸福感,要经过认知结构的解释与建构、评价与说明才能确定。不同的人对于幸福有不同的理解,有时甚至同一个人前后的解释也不一致:当其生病时以健康为幸福,当其穷困时则以财富为幸福。对于幸福,不同的时代、国家、年龄的人都有各自不同的认识,哪怕是同一个人也会因时、因地、因位的变化而产生不同的体验。由于人们的经济条件、生活背景、文化水平、思想认识、性格特征、身体素质等的不同,人类很难在幸福观上完全达成共识,也就是说很难找到一种放之四海而皆准的幸福观,很难用某一种幸福范式来统一人们的思想,形成人类共识,因此人们对幸福的内涵也有着五花八门、难以尽述的认识和体会。

进入大数据时代,知识个人性特征使知识守门人"破防"。传统的知识,尤其是得以传承和传播的知识往往都是公共知识,也就是经过过滤和筛选过的知识,是为了对人进行某种规制和驯服,从而形成人类社会的同一性,这也是文明的起源和文化的根本性作用。大数据时代,传统知识传播的禁区被破除,每一个个体都可以成为自媒体,成为信息和知识的源头,所以,对于大数据时代的信息和知识要重新予以认识。原来的知识更多的是一种达成共识的知识,大数据时代的知识则更多的是一种个体性的见解和认识,也可能得到大家的共识,具有普遍知识的特征和功能,但是很难实现这一步。大数据时代知识的个性化对于幸福追求产生了深远的影响,再加上幸福本身也具有较强的个性和主观性,从而形成了大数据时代对于幸福的认识更加个性化,也就是说更加难以形成可以成为共识的幸福观。人们可能被与自己有类似观点的人所吸引和左右,进而被他们影响。网络世界中,有人稍微使用一点小伎俩,去控制和左右人们,就会误导人们,让人们形成错误的幸福观。比如在学生中产生了精致利己的幸福观,出现了过度沉溺于网络碎片化信息从而妨碍了奋斗幸福观的养成等情况。[①] 以微博为例,我们通过关注微博热搜榜、关注各类官方微博、浏览不同用户对于热门事件的评论获取自己需要并且认同的信息和观点,而在这个过程中,部分人只是盲目地重复他人的观点,几乎不会重新去深入思考问题的本质,长久下来就会对他人的意见与评论产生依赖,这就在一定程度上削弱了这些人的思维能力。且在大量网络信息的包围下,人们可以获取大量虚拟的即时幸福,从而减少了对现实世界真实人生的思考,这在一定程度上削弱了部分人的斗志。大数据通过人们曾经的数据留痕来判断人们的兴趣爱好和关注关心的话题和问题,并推送大量他们自身感兴趣的信息,从而易导致大学生沉溺其中,耗费大量时间成本,脱离现实,减少了对现实中长远目标的规划和努力,只专注于当下短暂的幸福而无法获得实现人生目标这一长远且持久的幸福。所以提升幸福认知能力对于大数据时代的人来说变得十分迫切。

---

① 　吴林怡.影响当代青年幸福观的网络碎片化信息视角[J].现代商贸工业,2023(2):91-94.

(一)准确把握网络信息,及时开展幸福观教育

提升人们的幸福认知能力,关键是帮助他们形成正确的幸福观。大数据时代,应坚持社会主义核心价值观引领,充分利用网络平台,精准运用大数据技术构建网络舆情管理机制,实时掌握网络舆情,创新幸福观教育方式。

在网络互动平台渗透生活方方面面的当下,人们越来越多地将表达想法、分享信息等从线下转到线上,网络也成为学校及时掌握学生思想动态、与学生实现双向沟通的平台。大数据时代,网络舆情管理必须顺应发展潮流,积极主动升级,利用大数据为学校掌握舆情添砖加瓦,准确研判网络信息动向和舆论观点动向,识别学生情绪,提升舆情引导能力,把握事件的发展方向。学校应及时加大关于幸福观的教学力度,结合网络上出现的热门话题或有碍培育学生正确幸福观的不良信息进行全面有效的分析与讲解,让学生认清网络热点背后的逻辑,形成正确的价值观和幸福观。网络世界包含巨量信息,每天都有层出不穷的热点信息,学生因为新奇极易被勾起好奇心,但又很难看清热点背后的隐含信息,即使能够挖掘深处信息,也很难准确把握。所以应针对热点信息及时对学生进行教学,教会学生如何在纷繁的网络信息中甄别信息。教育者也要及时掌握分析网络舆情,并将其与幸福观教育紧密结合,引导大学生形成良好的幸福观和正确的价值观。

(二)提高大数据驾驭能力,完善新的生活方式

全部社会生活在本质上是实践的,培育能力离不开生活,从某种意义上来说,培育本身也是生活方式存在的一种特殊形式,提升幸福能力在现实世界有效的展现形式就是生命活动模式的改善,培育幸福

能力的落脚点必须是生活方式的完善，培育过程中需要关怀人的生活，尊重个体独特的生活价值取向和追求生活价值的方式，尊重并关怀个体日常生活的价值。

大数据作为一种新技术，首先是一种解构力量，对传统生活世界产生了颠覆性影响。大数据对人类传统生产生活方式进行了解构，人类生活除了物理世界、现实世界，又增加了一个虚拟世界。大数据形成的新世界是人类历史前所未有的新环境、新场景和新背景，为人类开启一种全新的生活方式提供了可能。

在大数据时代，人们要认知幸福、谋求幸福，完善生活方式，首先就要培育驾驭大数据的能力。几千年来，人类一直在征服自然和同类的历程中赢得幸福，生活在大数据时代的我们，同样可以从征服大数据中获得幸福。我们应该让大数据为我所用，而不是让自己变成大数据的奴隶。这首先就需要认清大数据的本质，大数据是我们认识世界的一种新方式，是我们改造世界的一种新方式，是我们全新的生活方式，带给我们的是一种全新的客观呈现，是一种数据式呈现，是一种新视角、新维度的呈现。我们要掌握大数据的规律，以便重新整合我们的生活。让大数据思维渗透到生活的方方面面需要一个过程，但这是人们必须具备的能力。只有具备娴熟驾驭大数据的能力，能够以大数据的思维思考问题，而且社会上也形成了这样一种群体环境，我们才有幸福可言。比如，大数据技术可以帮助企业和服务提供商更好地了解客户的需求和偏好，从而提供更加个性化的服务，例如智能家居、智能健康等。这些个性化的服务可以提高人们的生活质量和幸福感，也可以帮助人们更好地了解环境的状态和趋势，例如空气质量、水质等。这些认知可以提高人们的健康水平和生活质量，从而提高幸福感。

三、大数据时代幸福感受能力的提升

感受是指人对外界刺激产生的主观体验,包括对颜色、声音、气味、等的感觉,是一种直接的、无意识的反应。它具有主观性、直接性和情绪性的特点,是主体的感觉、想象、思维、情绪和情感等相互作用的结果,受到生活经历、性格特点、世界观等个性化特点的制约,是人们的一种初步的感性认识,对人的情绪和行为有直接的影响,可以引起情感反应和行为反应。伊本·阿拉比在《麦加的启示》中写道:对生命存在的知识既不可能来自理智的阐释,也不可能来自演绎的认知,而只能来自实际体验。比如,只有亲身体验才能获取有关蜂蜜之甜、忍耐之苦,以及爱情、激情和欲望等。马克思也曾说:"任何一个对象对我的意义(它只是对那个与它相适应的感觉来说才有意义)恰好都以我的感觉所及的程度为限。"[①]幸福的本质就在于它是对于自我价值的肯定,"但这种肯定最终要通过个人的主观感受才能实现"[②]。幸福感受能力是人类感知、理解和体验幸福的能力,是一个人对自身生活、自身情感和自身心理状态中积极、愉悦方面的感知和体验能力。一个具有高幸福感受力的人通常能够更容易地感受到生活中的积极情感,如快乐、满足、喜悦等,能够更容易地感受到自己和他人的情感反应,如愉悦、不悦、爱、恨等。高幸福感受力的人能够更积极地评价生活中的各种因素,如工作、家庭、社交、健康等,也能够更明确地认知自己的价值并自我认同,从而更容易有幸福感。

大数据时代,人们习惯于徜徉在虚拟世界中,在线上交流,在朋友圈分享自己的生活,在各类平台通过视频、图片、文字了解屏幕那边的

---

① 马克思.1844年经济学哲学手稿[M].中共中央马克思恩格斯列宁斯大林著作编译局,编译.北京:人民出版社,2018:84.

② 秦冰.沟通对大学生幸福能力的影响研究[D].南京:南京师范大学,2011.

陌生人的生活等。这虽然给人们的生活带来了便利和创新,但人们感受幸福的能力在逐渐被削弱,过度使用社交媒体可能会让人们更加依赖虚拟社交而忽视真实的社交。人们可能会选择在家里看电视或者玩游戏,而不是与朋友或家人交流,从而导致人们与现实世界脱节。同时,社交媒体上的信息和社交互动可以让人们更加容易感到焦虑和压力。又如,人们可能会在社交媒体上比较自己的生活和他人,从而导致自我价值感降低和社交焦虑。这些问题的存在在一定程度上阻碍了人们提升幸福感受能力。因此,我们需要通过教育以提高人们的幸福感受能力,让他们能够真实地感受和体验生活中的幸福。

(一)注重发挥情感效应,提高社会情感能力

教育家厄内斯特·波伊尔曾说,一个缺乏整体感的教学方法无法触及孩子们的内心深处,也无法培养和提高每个学生对世界的奥秘和神奇的欣赏能力。培养幸福能力是一项复杂而长期的过程,不能仅仅通过简单的灌输来实现,简单的灌输方法会削弱受教育者的主体性和内在潜力,也不利于正确理解和追求幸福。相反,幸福能力的培育需要教育者和受教育者之间的双向互动,通过生命对话和探讨来相互感染。在这个过程中,教育者应该避免简单的说教,而要按照受教育者的心理发展规律进行适度的引导,积极发挥自身的感染力量,采用情感和理性相结合的方式,把幸福的内涵和意义传达给学生,比如在生活中设置与现实相似的场景和情景,让受教育者在处理实际问题时更深入地感悟。又如利用大数据技术可以为情感教育提供丰富的视频资源,这些视频可以帮助学生更加形象地理解和感受不同的情感状态,从而提高学生的社会情感能力,即认识情感、管理情绪的能力,更好地进行情感管理和情感表达,让学生更容易接受和理解幸福观的内容。通过这种方式可以让学生意识到,幸福不是虚无缥缈的东西,而

是存在于生活的每一个角落,需要去感知、追求和创造。

(二)建立合作交流机制,增强沟通交流能力

幸福其实就在我们身边,由于每个人的感受能力不同,所以每个人感受到幸福的程度也不同。幸福感受能力的提升离不开包括观察能力、语言表达能力、沟通能力、协调能力等能力的支持。其中沟通能力是指一个人能否有效地与他人进行信息沟通,它包括外在的技巧和内在的动机。沟通的恰当性和有效性是判断沟通能力的尺度,良好的沟通策略和沟通方法能让沟通双方更好地理解彼此,建立互信和尊重,解决冲突,增强共同体感,提高情感互动,最终建立良好的人际关系。换句话说,沟通能力的提升将有利于我们感受到身边的幸福,有助于我们更好地与他人交流和分享幸福。

大数据时代,随着社交媒体的广泛使用,人们更多地依赖于电子设备和虚拟交流,而不是面对面的沟通和交流,虽然这样可能会有许多"朋友"和"关注者",可以与更多的人联系和互动,但长此以往,会造成社交关系的虚拟化和表面化,关系中缺乏真正的情感支持,同时越来越感到现实交往的困难,甚至惧怕、逃避现实的沟通交往。比如,很多学生在与老师、辅导员利用社交平台沟通时,有答有问,尤其是表情包的使用,能让教师感受到学生的生动活泼,然而一旦到现实的面对面交流,学生就变得寡言少语、表达模糊、表情呆板,一场互动转变为老师的单人演说。

教育者在教育时,要为受教育者积极创造面对面交流的机会,建立合作学习机制:合作中有竞争,竞争中体现友好和团结;在合作中有意见的分歧,在分歧中通过交流达成共识。① 合作交流可以促进小组

---

① 耿香丽.思想政治课对高中生幸福能力培养的研究[D].石家庄:河北师范大学,2014.

成员之间的团结互助,帮助解决问题,体现学生的自主和达成共识。在合作交流中,可以点燃智慧的火花,建立班级和小组之间的桥梁,让学生感受到交流的艺术和交往的幸福,从而提高感受幸福的能力。合作学习不仅是一种学习的方式,也是一种教学方法,更是一种团结合作的意识和为人处世的能力与艺术。课堂上的合作交流可以使学生逐渐理解知识、内化知识并运用知识,培养学生积极的情感体验,激发学生学习和生活的热情,让学生在实际中感受到交往的幸福,满怀希望并畅想未来。

四、大数据时代幸福创造能力的提升

人类的幸福并不是注定存在的,而是通过现实的创造活动实现的。幸福不会从天而降,感受到幸福并不等于获得幸福,享受感官的快乐也不能代表幸福,一个人的幸福主要是通过自己的创造活动而实现的,每个人都需要成为自己幸福的建筑师。人的创造力是人类本质力量的体现,也是自由和幸福的源泉,幸福在本质上是一种创造中的享受,创造带来的欢乐是幸福的主旋律。幸福作为生命存在的某种完满的实现,它来自创造性的生活,创造幸福的能力没有人天生就完全具有,它需要后天培养和发展。

大数据时代,很多社交媒体和搜索引擎都会根据人们的搜索历史和行为习惯,为人们推荐相关内容,这种自我实现的预言一是可能会限制人的自由意志和选择,它会将我们的行为和选择限制在某些特定的范围内,阻碍发掘新的可能性;二是会让人产生一种"我注定会这样"的想法,影响个人的自我认知和信心,让人失去自我探索和发展的动力;三是容易让人感到自己已经取得了成功,进而失去进一步创造和创新的欲望和动力,削弱个人的创造性和创新性。因此,我们需要通过教育以增强人们的探索精神,能够不断挑战自我、超越自我、发掘新的可能性和机遇,最终提升自己创造幸福的能力。

(一)搭建实践活动平台,培养创造性思维

创造与实践是密不可分的,它们之间相互促进、相辅相成。创造是指人们在解决问题、满足需求或实现目标时,根据自己的思维和想象力,创造出新的思想、理念、方法、产品或服务等,从而推动社会进步和发展。实践是指人们通过行动,将创造出来的思想、理念、方法、产品或服务等应用于现实生活中,检验其有效性和可行性,推动创造的成果得到实现和应用。两者相互激发,创造的成果可以推动实践的发展,而实践的需求和问题又可以激发人们的创造欲望和创造力,促进创造的不断推陈出新。教育者要充分利用各种资源,为受教育者搭建并提供实践平台和活动。高校学生工作必须理论结合实际。高校应该积极开展各种形式的实践活动,包括学科竞赛、志愿者活动、"三下乡"活动,以及知识讲座、社团活动、课余社会实践等,这些活动旨在让学生深入社区和农村,普及科学生活知识,让他们感到学有所用,把论文写在祖国大地上,从而产生一种心理上的慰藉感和愉悦感,激励他们追求和创造幸福。同时,鼓励大学生发扬艰苦奋斗的精神,动员他们去艰苦的地方锻炼。当大学生在这样的艰苦环境中获得成就时,体验幸福的时刻就会到来。这种艰苦的环境和实践锻炼也能够提高大学生创造幸福的能力。

(二)科学开展挫折教育,引导增强幸福意志

幸福并不是一种永远持续的状态,它不是来自外部环境的完美和顺遂,而是源于内心的坚韧和自我调节的能力。人生中不可避免会遇到各种各样的困难和挫折,但幸福的人是那些能够在面对困境时保持

积极的心态,从中汲取正能量,勇敢地克服困难并创造幸福的人。挫折教育的目的在于帮助人们培养积极应对挫折的心态和能力,不仅能在困难面前坚韧不拔、勇于克服,而且能在不幸面前进行自我调节,化悲愤为力量,内心变得更加坚强。挫折不是生活中的绊脚石,而是成长的催化剂。学生面临着种种挑战,如考试、家庭压力、社交难题等,这些都是成长过程中不可避免的挫折,而挫折教育就是帮助学生提高对挫折的心理承受力和面对挫折的能力,不仅要教会他们如何应对困境,更重要的是帮助他们发掘自己的潜力和创造力,培养健全的心理素质和为人处世的艺术与技巧,增强个人幸福意志。

大数据背景下,教育者可以利用大数据技术科学开展挫折教育。教育者可以充分挖掘线上课程资源,通过丰富的视频、图文、案例等形式,帮助受教育者了解挫折的本质和应对策略,以提高受教育者对挫折的认知。教育者可以收集来自社交媒体、电子邮件、短信等的大量数据,利用数据挖掘、机器学习等技术进行分析,以了解人们的情绪和心理状态,预测人们可能出现的负面情绪,如焦虑、抑郁等,进而采取预防措施,如提供心理健康教育、社交支持等,帮助人们更好地调节自己的心理状态。通过挫折教育,培养人们的自我意识和自我调节能力,增强幸福意志,从而更好地应对挫折,提高自我发展能力和创造力,最终获得幸福。

五、大数据时代幸福评判能力的提升

幸福评判能力指的是个人对自己的幸福感和生活满意度进行理性、准确评估,不被情绪所左右的能力。通过培养幸福评判力,人们可以更加理性地看待幸福,不再仅仅局限于物质享受或表面上的快乐,而是能够从更深刻的角度认识到幸福的本质和内涵。所以,培养幸福评判能力,一是可以帮助个体更好地理解和实现幸福。随着社会的发展和人们对幸福的关注度的不断提升,培养幸福评判力可以让个体更好地理解和实现幸福,了解自己的需求和价值观,并根据自己的情况进行幸福选择,从而更好地享受生活。二是可以提升个体的幸福感受能力和幸福体验能力。培养幸福评判力可以帮助个体更加敏锐地感受幸福,更加深刻地理解幸福,提升个体在生活中获得幸福的能力和品质。三是可以帮助个体建立积极的人生观和价值观。培养幸福评判力可以让个体更好地认识自己的人生和价值,建立积极的人生观和价值观,并将幸福作为生命的重要目标和价值追求。四是促进社会和谐稳定发展。培养幸福评判力可以让人们更好地理解与追求幸福,更加关注自身的幸福感受和他人的幸福,从而增进人与人之间的理解与和谐,促进社会的稳定和发展。

幸福评判能力可以分为对幸福感的主观感受能力和客观评估能力。通过主观感受能力,个人可以获得幸福感和生活满意度,能够准确地感知自己的情感状态和生活质量;凭借客观评估能力,个人可以通过客观的标准如经济条件、工作环境、家庭关系等,来评估自己的幸福感和生活满意度。幸福评判能力对于个人的幸福感和生活质量至关重要。如果个人没有准确的幸福评判能力,低估自己的幸福感,就会导致情绪低落和生活不满意,而高估幸福感可能会导致自我麻痹,忽视生活中存在的问题和困难。

大数据背景下,大数据技术可以为评判幸福能力提供更为全面、客观、科学的数据支持,从而更好地促进幸福能力的提升,但是数据的数量化也会导致对幸福的主观体验被忽略,人们更关注数据的数量,而忽略了对幸福的主观体验的重视,淡化了那些无法量化的因素,比如人际关系、情感和个人成长等,这些因素对于幸福的评判至关重要。人们可能会根据某些指标来评判某个人或地区的幸福程度,但这些指标不能完全代表一个人的主观体验,比如一个人可能拥有很高的收入和舒适的生活环境,却感到孤独和不满足。同时大数据往往是通过收集和分析大量数据来得出对幸福的评判,这种测量方法可能存在偏差。比如,某些地区的幸福指数较高,可能是因为该地区的经济状况较好,但是这并不能代表该地区的居民都感到幸福。所以尽管大数据在许多领域有着重要的应用和作用,但对于幸福的评判,我们仍需要关注个体的主观体验和无法量化的因素,培养个人的幸福评判能力,不能完全依赖于大数据。

(一)培养自省能力,实现自我净化

评判幸福需要自我反思,需要自省能力。自我反思是超越惯常思维和行为模式的手段和工具,它可以帮助个体认识到自己的盲点和局限性,发现自己的潜在需求和价值观,从而更好地实现幸福。自省能力是一种超越能力,它需要个体有勇气面对和探索自己的内心世界,敢于在自我思考之后挑战自己既定的价值观念、社会规范、思维模式。这也需要个体具备足够的信心和自我意识,同时也需要保持客观和开放的态度,才能真正地超越自我,发现更广阔的世界。曾子曰:"吾日三省吾身——为人谋而不忠乎? 与朋友交而不信乎? 传不习乎?"孔子曰,"见贤思齐","己所不欲、勿施于人"。自古以来,我们的先贤在修身养性、练达自身等方面,都十分重视自省的力量。现实生活中,唯有自省,人才会变得克己谨慎,不断反思审视自身的过失,真正去纠正错误、解决问题,避免小过失发展成大错误。很多人回首来路、盘点人生得失而感慨,正是自省精神让自己从歧途走向正路,从存在诸多缺陷走向完善。这与幸福能力将生命存在不断推向整体完满异曲同工。因此,自我反思和自省能力是评判幸福的重要工具和手段,它们可以帮助个体认识到自己的需求和价值观,找到自我实现的方向和动力,从而更好地实现幸福。

教育者在引导受教育者学习的过程中,可以有意识地利用受教育者已有的认知结构和思维方式,让受教育者在学习中掌握新知识的内在逻辑结构。受教育者会通过利用自己已有的认知结构(包括原有知识经验和认知策略),对新的信息进行加工处理,这个过程需要经过自我认知、自我调整和自我反思的环节,从而建立新的认知体系,并逐步将其内化为自己的知识,以便更好地吸收和利用。在反复引导和积累中,受教育者思维由感性认识逐步转向理性认识,逐步形成自己的思维模式和评价标准,从而更准确地评估自己的幸福感和生活满意度。

(二)开展生命教育,提升生命境界

幸福评判能力的提升要从认知幸福开始,认知幸福的方式是多样的,生命教育是重要部分,它教导受教育者在珍惜生命、热爱生命的同时,理解生命的真正意义,展现生命的风采,创造美好的人生,从而深入领会幸福的内涵,提升对幸福的认知水平,建立正确的世界观、人生观和幸福观。生命教育以关怀生命为核心,它有三个方面的内容:一是指向生命自我,使受教育者的现在和未来能够很好地适应现代社会发展的需求;二是超出受教育者自然存在的直接需求,进行生命意义的建构与价值的提升;三是进行生命的升华,为人类社会的发展做出贡献。[①] 生命教育应该将受教育者看作是身、心、灵的统一体,注重全面发展个体的身体、心理和精神层面,帮助个体成为自己生命的主体,实现个体的自由精神和创造性。在生命教育中,不应将受教育者看作是单纯的学习机器,而应该视其为一个有着多重需求和层面的复杂个体,通过引导个体的实践活动和自我探索,帮助其在身、心、灵各方面实现平衡和发展,充分展现个体的生命力和创造力。正视不幸和痛苦

---

① 文锦.高教视野中的生命教育[J].黑龙江高教研究,2006(2):147-149.

是生命教育不可忽视的一部分,生命教育应该正确引导个体认识和面对各种不幸和痛苦,帮助其从中汲取力量和智慧,成长和发展。因此,生命教育为个体评判幸福状况提供了必要的前提条件,它可以帮助个体认识自己、实现自我价值,促进个体与他人建立和谐的关系,培养个体应对挫折和压力的能力,从而为个体的幸福实现创造必要的条件和基础。

在大数据时代,生命教育需要更加注重个体的个性化和多元化发展,通过应用大数据技术和方法,更好地了解个体的需求和特点,实现更加精准和有效的教育。一是进行个性化教育。通过收集和分析受教育者的兴趣、需求和认知特点等数据,设计更加符合个体需求和兴趣的课程,为每个受教育者提供个性化的教育方案和服务,帮助其实现全面发展和自我价值的实现。二是进行教育评估。通过收集和分析个体的学习成绩、行为数据和反馈信息等,对教育效果和质量进行评估和改进,提高生命教育的有效性和可持续性。更重要的是可以进行生命教育资源的共享。通过大数据技术,整合和共享生命教育的资源和信息,促进不同学校、地区和国家之间的合作和交流,打破生命教育的时空壁垒,实现生命教育的共同发展和进步,为更加精准化地评价幸福提供可能。

第八章
大数据时代的幸福评价教育

毕淑敏说,幸福是思想的花朵,是一种心灵的震颤。莫言说,幸福就是什么都不想,一切都放下;身体健康,精神没有任何压力才幸福。周国平说,享受生命,享受生命单纯的快乐,享受你的智力,享受老天给人的这些得天独厚的禀赋,这就是做人的幸福。追求幸福是人的一项基本目标,也是人类社会的永恒命题。2012 年,第 66 届联合国大会宣布,将今后每年的 3 月 20 日定为"国际幸福日"。但是关于是否幸福、幸福的程度等涉及幸福观、幸福能力、幸福评价方面的定义,国与国之间、人与人之间都可能存在不同的答案,比如有的人认为幸福感=拥有/欲望,有的人则认为幸福感=过程/结果。实际上,幸福是一种经历、一种心态、一种感觉,是一种领悟,是一种从容面对生活的态度。正确的幸福评价教育不仅能通过测量和评价幸福对幸福达成度进行分析,帮助人们在日常学习生活工作中真切地感受到幸福,也能帮助大家在批评中对自己的幸福观和幸福能力进行评估,在反思中进一步拥有幸福、拥护幸福,实现真正的"以人为本"。

一、幸福评价的内涵及特征

(一)幸福评价的内涵

评价是人们的一种重要的精神性实践活动,冯平在《评价论》中对评价的定义为:评价,是人把握客体对人的意义、价值的一种观念性活动。[①] 李德顺在《价值论:一种主体性的研究》中对评价的定义为:评价,是价值意识朝向客体的对象性精神活动,即价值意识在主客体价值关系中的现实表现。评价是生活中无时不在的一种精神活动。在日常生活中,评价产生并表现为人们对价值客体的态度。评价表明在主客体之间一定的价值关系中,客体是否能够或已经使主体的需要和愿望得到满足,客体是否适合主体的需要并使主体意识到这种适合。[②] 由此可见,评价是一种主体对客体价值和意义的把握。

幸福是一种评价性活动,本身具有价值评价的特征。幸福评价是评价的一种特殊形式,也是一种观念性和精神性活动,是评价主体以一定标准对幸福达成度的评定,包括幸福主观评价和幸福测量,即主观评价和客观评价。准确把握幸福评价的内涵,必须把握三个关键词,即评价主体、评价客体和评价标准,它们共同构成了幸福评价的核心要素。幸福评价的实质就是幸福事实判断和幸福价值判断的结合,即在幸福事实判断基础上进行的幸福价值判断活动。

(二)幸福评价的主要特征

幸福评价是主观评价与客观评价的统一。评价是主观见之于客

---

① 冯平.评价论[M].北京:北京师范大学出版社,2022:2.
② 李德顺.价值论:一种主体性的研究[M].3版.北京:中国人民大学出版社,2013:154.

观的观念性行为,评价中总是有主体的"我"在场,即只有一定价值关系的主体自己来认识这种价值关系的结果时,这种认识才是评价。评价总是评价主体对一定事实与自己的价值关系的认识。主体在场是评价这种精神活动的根本特征。幸福评价的主观性是指主体在场性,包括两个层面:首先,幸福评价是评价主体对自身幸福的一种评价,是一种自我评价,带有很强的个人色彩,评价本身包含了一部分主体的自我描述内容,这正是评价和描述之间似乎绝对不同的奥秘之所在。其次,幸福评价是从主观立场和主观经验出发,是从自身经验出发对幸福的一种评价。因为价值和评价的主体常常是具体的、特殊的、多元的,对于同一个对象的评价,总会因为主体的不同而有不同的结果。幸福评价总是因人而异,很难形成统一的评价标准。幸福评价同时具有客观评价的特性,因为幸福评价所把握的对象是价值事实。评价的外在形式,表达着主体的态度和情感等;而态度和情感等,则表达着对主客体之间价值关系的一定客观状态的意识。评价所表达的,是人对一定"价值事实"的感受、理解、情感和态度。① 而所谓的价值事实是指主客体之间价值关系活动所形成的一种客观的、不依赖于评价者主观意识的存在状态,它既是客体对主体的实际意义,又是一种"客观"的事实。幸福评价是基于一定价值事实的评价,不以人的意志为转移。

幸福评价是定性评价与定量评价的统一。幸福定性评价是指首先根据幸福标准对幸福状态进行评定,也就是说幸福是一种积极的心理体验和状态,只有具备了一定特性的心理状态才称得上幸福,关于幸福和不幸的断定就是一种定性评价。幸福评价同时又是一种定量评价,幸福程度是可以测量和比较的。早在 2000 多年前,苏格拉底就提出了"人应该怎样活着"的伦理命题。事实上,早期对于幸福的理解

---

① 李德顺.价值论:一种主体性的研究[M].3 版.北京:中国人民大学出版社,2013:161.

往往从文义性定义而不是可观察、可测量的操作性定义来诠释,因此不同价值取向的研究者们各自所指的幸福并非同一事物,这导致他们无法进行有效的交流与讨论。20世纪50年代中后期,研究者们开始运用实证方法研究幸福,从而将对幸福这个重要人生话题哲学层面的探索扩展到科学层面。其中,幸福测量是将幸福从规范性研究引向实证研究的重要环节,推动着幸福研究在从理论探索到实际操作的道路上迈出坚实的脚步。英国历史学家弗拉特说:"当我们在描述存在于过去或存在于现在的人类社会时,我们就不可避免地要使用数字和数量。"①通过量化技术,我们能够跳出个体感觉经验的局限,由感性知觉到理性研究,由模糊混沌的体验转化为明确清晰的测评。再至20世纪六七十年代研究伊始,经过半个多世纪,不同取向的幸福感研究者共同推动了幸福感测量研究的发展,诞生了一批被证实具有良好测量学特性且广为运用的幸福感量表,分别形成了情绪幸福感、生活满意度、主观幸福感、心理幸福感与社会幸福感等理论模型与测量体系。幸福感测量指标的构建也实现了从主观到客观、从快乐到意义、从个人到社会、从分立到整合的几次重要转型,体现出幸福感测量发展的阶段性与连续性以及人类社会对幸福感理解的渐进性与跨越性。

幸福评价是结果评价与过程评价的统一。幸福评价既有对幸福结果的评价,也有对幸福过程的评价。对幸福结果的评价坚持的是结果幸福论,也就是注重幸福目标达成度,幸福目标达成和实现度高,幸福感就强;幸福目标达成和实现度低,幸福感就弱。幸福结果评价在一定程度上可以对幸福进行整体评价,能够给人带来一种整体性和持续性强的幸福感。但是过于关注幸福目标,也容易产生幸福悖论,失去了幸福原有的人生驱动力作用。对幸福过程的评价注重的是参与

---

① 刘穿石. 论西方心理学史中质的研究与量的研究的关系[J]. 南京师大学报(社会科学版),1993(3):47-50.

和融入,让人们在过程和细节中体会幸福,对于日常生活质量的提升具有积极的意义,过于关注幸福过程也容易导致幸福浅层化和泛化,使人们在幸福疲劳中失去了对幸福的敏感度和执着度。

二、幸福评价教育的内涵及主要特征

(一)幸福评价教育的内涵

幸福评价教育是关于幸福评价标准、方法、尺度等方面的教育,就是教会学生正确评价自身拥有的幸福,从而在正确认识幸福中增加幸福感。幸福评价教育的主体是施教者,既包括各类教师,也包括幸福经验比较丰富的长辈和朋友,大数据时代,还有很多热衷于传播幸福体验和经验的自媒体。幸福评价教育的受体是青少年学生,他们通过学习把教师或长辈的幸福评价理论知识和实践经验内化为自己的标准,用来分辨和评判幸福。幸福评价教育的客体是幸福评价标准和尺度,也就是说通过幸福评价教育,主体把自己的幸福评价标准和尺度传授给受体,受体则在此基础上建立起自己的幸福评价标准和尺度。

(二)幸福评价教育的特征

幸福评价教育具有发展性特征。美国著名教育评价学者斯塔弗尔比姆曾说:评价最重要的意图不是为了证明,而是为了改进和发展。幸福评价教育的目标就是改进和提高幸福能力和幸福水平,将人的持续性幸福和阶段性幸福进行统筹考量,直面幸福实践问题,提供诊断性建议,改进幸福感知和幸福创造能力,助推个体更好地追求幸福。

幸福评价教育主体选择性特征。幸福评价是一种价值判断,首先涉及的是"谁的幸福"的问题,基于效率机制主导的幸福评价更多地体现了个体自身的幸福,这种价值取向倾向于简单地采用单一的管理模式和同质化的量化标准。幸福评价教育则可以扩大幸福选择性范围,倡导和培育多元价值融合的幸福观。

(三)大数据时代的幸福评价教育

在信息化发展的今天,大数据不仅作为一种技术手段影响着商业和自然科学领域,而且作为一场思维变革渗入并影响着人文社会科学特别是社会学的研究视角和方法。根据大数据海量、快速、多变、价值性和真实性等5V特点,通过发挥大数据技术的多元优势,运用大数据的思维方式参与幸福评价教育势在必行。从技术变革角度看,大数据应该是一种"从各种各样类型的数据中,快速获得有价值信息的能力",这种有价值信息,不单指经济指标,或者生物化学、数学的繁杂数据分析,而且也指向影响政治、社会、文化诸多领域的研究;从思维变革角度看,大数据不仅仅是一种技术,它会在包括价值分析、经济发展及社会组织形式中产生深刻变革。大数据思维及技术对幸福评价的优势有三点:一是可以以新的形式来整合数据,挖掘潜藏在这些数据中的巨大价值,实现对数据的再使用,从而使幸福评价更全面。以荷兰社会学家鲁特·芬因霍芬的当代幸福研究为例,其对大量幸福数据进行再分析,可以说是"关于幸福的国际票据交易所",囊括了所有被使用过的幸福测量指数和测量方式,还包括幸福研究的指标库以及1946年至今的120多个国家关于幸福的全国范围的调查结果3000余个,其结论在若干方面影响了社会政策的制定。二是大数据带来的变革和挑战是颠覆性的,显著特征就是人类社会的数据化生存,社会化媒体使得人们的社会生活、行为态度、交往过程、互动关系都被数据记录并保存下来,以恰当的方式处理这种海量数据,可以寻找隐藏在数据中的模式、趋势和相关性,揭示社会现象与社会发展规律,从而进一步对社会发展趋势进行预测与幸福研究,也就是说大数据时代的幸福评价是对幸福行为沉淀下来的数字轨迹回放基础上的评价,评价依据更加客观化、可视化、数量化。三是大数据技术的使用可以在一定程度上克服人的主观情感偏见,关注侧重点也不再是传统的因果关系,而是一种相关关系,这就使得幸福评价脱离了传统的二元逻辑结构,而更加注重对相关因素的挖掘和评价。

三、大数据时代幸福评价教育的内容

李德顺在《价值论:一种主体性的研究》中提出:"价值观念之所以重要,正在于它对人的思想、感情、言论和行动起着普遍的整合和驱动作用。而这一功能,最重要的就在于价值观念构成了人们内心深处的评价标准系统。"[①]也就是说价值观念是人们内心最重要的评价标准,人们关于任何价值的信念、信仰和理想一旦形成,就会成为人们心目中用以衡量事物之意义、权衡得失轻重、决定褒贬取舍的"天平"和"尺子"。人们用以把握一切价值的有效评价标准就是价值观念。这是价值观念在现实生活中起的最普遍、最重要的作用。幸福评价作为一种价值观念起着正确评价人们自身幸福达成度、正确评价社会幸福达成度、提升自身幸福创造能力和幸福感知能力的作用,开展幸福评价教育就是让受教育者形成科学、规范、系统的幸福评价标准,从而实现提升幸福感的目的。幸福评价教育主要包括幸福评价主体教育、幸福评价客体教育、幸福评价标准教育、幸福评价变量教育等内容。

(一)幸福评价主体教育

幸福评价主体教育是指对幸福评价主体开展的观念性、能力性教

---

① 李德顺.价值论:一种主体性的研究[M].3 版.北京:中国人民大学出版社,2013:153.

育,是为了帮助幸福评价主体树立正确的幸福评判观念和理念,掌握幸福评价标准和尺度,学会幸福评价方法,从而更好地获得幸福的教育。

幸福评价主体分为自我评价和他者评价,相应地,幸福评价教育主体也分为自我幸福评价者和他者幸福评价者(对他人及社会整体幸福的评价者)。人是价值的主体,是价值生成的终极根据,所有价值都源自人的需要,外界事物只有与人的需要之间产生了联系才具有价值。幸福评价作为主体的一种价值性评价,需要综合考虑评价主体的需要和评价客体的属性功能,实现二者的有机结合。幸福评价教育的价值就在于人们对于识别和评判幸福的需要,在于能够通过对与人的需要产生了联系的事物的评判来确定其是否能够带来幸福,以及能够带来多大的幸福。

(二)幸福评价客体教育

幸福评价客体教育就是教会人们如何来把握幸福达成度,即幸福效度和成效问题。幸福评价客体教育一般指向幸福评价内容或对象,可以从主观幸福感评价教育和生活满意度评价教育两个维度开展。

1.主观幸福感评价教育

主观幸福感评价教育就是教会人们如何通过自身的评价标准和尺度来提升自我幸福感。主观幸福感一般泛指人们的愉悦情绪反应。幸福和我们自身的人生观、价值观相联系,和我们建立在此基础之上的心态和思维习惯有关。从这个意义上说,幸福与我们所拥有的外在物品以及他人都无关,它掌握在我们自己的手中,取决于我们自己,我们自己就是自己幸福的设计者。"①幸福实际上就是评价者根据自己认

---

① 王拉娣,等.幸福的持续[M].北京:清华大学出版社,2017:18.

同的幸福标准和尺度对其生活质量进行的综合评价,这种评价立足于个人的主观感受,尊重个体对自己生活的评价与体验。因此,这种教育可以改变个体对生活的感受,从而引导个体在体会到积极情感的基础上产生和增强幸福感。

2.生活满意度评价教育

生活满意度是客观幸福评价的重要指标,也就是说用自身之外的生活质量的提高来呈现幸福客观条件的变化。生活满意度是在一定标准基础上的对外部环境和生活环境的评价,既需要借助于评价主体自身的评判标准,也需要借助于社会公认的评判标准。生活满意度评价教育就是教育人们尽量让自身的评判标准与社会公认的评判标准趋同,也就是实现个体对幸福评价社会标准的认同和内化,从而转化为一种公共视角来看待幸福问题。生活满意度理论中最普遍、最有说服力的方式认为,一个人要对自己的生活满意,就意味着其按照自己的标准评判,认为自己的人生足够顺利。也就是说,将所有因素纳入考量后,你认为人生中有足够自己在乎的事情。因此,生活满意度就是你对自己人生的综合评估。这种理论的迷人之处在于你成了自己人生的主宰,你幸福与否取决于你自己认为什么最重要。这种理论也有致命的缺陷,它忽略了集体和共同体幸福意识对个体的积极影响。我们倡导的生活满意度教育则是要打破个体自我中心主义的狭隘视野,能够更多地从集体和共同体的角度出发来认识和评价生活满意度问题。

(三)幸福评价标准教育

幸福评价标准是指用什么来衡量幸福,也就是幸福评价的尺度是什么。幸福评价标准既有主观标准,也有客观标准,我们坚持幸福评价主观标准和客观标准的统一。马克思曾说："动物只是按照它所属的那个种的尺度和需要来构造，而人却懂得按照任何一个种的尺度来进行生产，并且懂得处处都把固有的尺度运用于对象；因此，人也按照美的规律来构造。"①也就是说，只有人懂得运用自然（客观）尺度和社会（主体）尺度进行生产。人在所有的价值主客体相互关系中，都需要既遵循主体尺度，又遵循客体尺度，把主体需要与客体功能联系起来，达到主体尺度与客体尺度的统一。相应地，幸福评价的标准也有两个，即主体尺度和客观尺度。幸福评价首先是评价主体的一种主观性行为，当一个人觉得自己幸福时，就表示这个人带着欣赏的态度参与了自己觉得幸福的活动建构，将自己的主观幸福评价标准映射到了日常行为中。也就是说，当我们感到自己与幸福产生了密切联系时，我们的生活就变得幸福了，我们的人生也变得有意义和非常值得。幸福评价又离不开具体的标的物，也就是说，幸福总是具体的、有存在条件和构成要素的，任何幸福评价都是围绕着某种幸福元素或者幸福条件以及幸福行为呈现的一种评价，而这些幸福元素、幸福条件和幸福呈现都具有客观性，不以人的意志为转移。我们认为，开展幸福评价标准教育就是要教会人们正确对待幸福评价的主体尺度和客观尺度，全面、客观、科学地对幸福实践做出评价。

(四)幸福评价变量教育

我们把影响幸福评价的因素称为幸福评价变量，开展幸福评价变量教育就是教育人们正确认识影响幸福变化的关键因素。幸福评价变量主要包括财富、人际关系、生活目标、安全感、成功、帮助别人等。

————————

① 中共中央马克思恩格斯列宁斯大林著作编译局.马克思恩格斯选集:第 1 卷[M].北京:人民出版社,2012:57.

1. 幸福与财富的关系

有些人错误地认为财富是带来幸福的重要变量，金钱可以带来幸福，美国一项调查结果显示，"20 世纪 70 年代，只有不到 40％的大一新生将物质上的成功作为自己最重要的目标，而到 2014 年，这个数字却变成了超过 80％"①。但是很多研究者提出，财富虽然对幸福有一定影响，但不是完全的正相关关系："研究表明，更重视金钱、财产和地位的人一般都没那么幸福，而不太重视物质享受的人则要幸福得多。概括来说，真心追求实现自己内心梦想的人，要比被财富或地位等外部回报所驱动的人更幸福。研究人员将前者称作内在动机，后者为外在动机。"②

2. 幸福与人际关系的关系

从现有研究看，大家普遍认为人际关系是影响幸福的重要变量。柳博米尔斯基在《如何获得幸福》中指出："在我们的研究中，一项重大的发现就是：幸福的人比不幸的人拥有更良好的人际关系。因此，要想变得更加幸福，投资社会交往是另一个非常有效的方法。"③海布伦也曾指出人际关系对幸福的重要性，人际关系对人类幸福的重要程度，就像水和鱼的关系一样。在所有影响幸福的重要因素中，我们可能最需要把人际关系处理妥帖，包括家庭关系、朋友关系和社群关系。人际关系最直观的好处，就是能让我们享受到彼此陪伴的快乐。洛格纳汗也曾论证幸福与人际关系的关系，认为幸福也绝对不是独善其身，幸福和高收入、高学历、年轻美貌也没有必然的联系，对幸福最起作用的其实是美好的人际关系，是至爱亲朋的支持，是社会交往的技

① 　洛格纳汗. 幸福的科学：如何获得持久幸福力[M]. 蔡山美，译. 北京：中信出版社，2018：66.
② 　海布伦. 幸福[M]. 肖舒，译. 南京：译林出版社，2020：72.
③ 　柳博米尔斯基. 如何获得幸福[M]. 周芳芳，译. 北京：中信出版社，2022：108

巧。也有研究表明,有效提升幸福感的生活态度是关心他人,更加关心他人的人活得更加幸福,帮助他人也能够有效提升幸福感。由此也有人提出了关系幸福的概念,什么是获得幸福感的最重要的因素?研究表明,能让生活幸福的最重要因素,不是金钱和名望,也不是物质层面的成功或威望,而是人际关系,特别是能在社交上提供支持的、亲密的人际关系。它能使快乐时光更加美好,也能帮助我们度过困难的日子。

大数据时代,人们对科技产品和网络线上生活的依赖造成了现实中面对面交流的减少和人际关系的疏远,产生了一系列社会问题。纽约大学社会学家埃里克·克林伯格指出:"在线互动(相较于面对面互动)的时间越长,你就越孤独。"孤独会侵蚀健康和幸福。花20分钟使用社交媒体可能很有趣,但每天在它上面花上3个小时会让你更容易感到孤独。[①] 美国圣迭戈州立大学教授珍·特温格对青少年的心理健康水平进行了广泛研究,结果发现,"2012年至2017年,青少年的孤独程度上升了近30%,患抑郁症的比例上升了超过30%,自杀率上升了超过30%"。这样巨大的、前所未有的变化,都是在短短5年内形成的。原因是什么呢?特温格通过分析数据,找到了罪魁祸首,这一切要归咎于智能手机的兴起。孩子们更愿意盯着他们眼前的设备,而不是坐在他们身旁的人。他们花在网上的时间远远多于和他们关心的人在一起的时间[②]。从上述研究数据中可以看出,大数据时代幸福面临着新挑战和新问题,大家更加关注的是智能设备和个体自身,面对面的交流和互动越来越少,产生了大量的心理问题。大数据时代的浅层互动或无效互动影响了人们的心理健康,也重塑了人际关系,使得人们的同理心下降,人与人之间不再像往常那样进行真实而深入的互

---

① 本-沙哈尔.幸福的要素[M].倪子君,译.北京:中信出版社,2022:124.
② 本-沙哈尔.幸福的要素[M].倪子君,译.北京:中信出版社,2022:125.

动。同时,大数据时代人与人之间的交际更多地集中在虚拟世界中,人际关系虚拟化带来了虚拟幸福,但是虚拟幸福与真实幸福有根本性差异,虚拟幸福可以部分替代现实幸福,弥补现实幸福的不足,让交际圈和朋友圈的范围和空间更广、交流更及时便捷,但是虚拟幸福毕竟无法替代由真实人际关系带来的幸福感,我们要更加注重教育青少年培养健康的人际关系,建立并维护一个由亲朋好友构成的支持网络。

3.幸福与生活目标的关系

生活目标的达成度极大影响了幸福达成度,在为一定目标奋斗的过程中产生的幸福是一种持续性的幸福状态,一个人追求的目标或使命决定了这个人在追求的过程中能否感受到幸福。有研究表明,追求内在目标会让我们得到更多幸福:"一是内在目标能够给我们更多的鼓励和快乐,让我们更愿意投入精力,坚持不懈地为成功而奋斗;二是源自内心深处的目标可以直接满足我们最基本的心理需求;内在目标满足的是我们的自治需求、胜任感、相属需求。"追求内在目的的幸福是一种有意义的幸福,带给我们的不仅仅是愉悦,更是一种价值感和意义感,是一种更高层面的幸福。教育家海伦·凯勒曾经说过,幸福不是从自我满足中得到的,而是对一个有价值的目标的执着追求。感觉层面的幸福是瞬间即逝的,而意义层面的幸福却是持久的,它是对自己人生的肯定。只有肯定自己的人生,对自己的行为有目标感和价值感,才能获得持久的幸福感。有意义的人生是幸福的人生,追求幸福就是让自己的人生有意义。研究发现,"当人们在追求自己的真实目标时,他们会感到更幸福、更健康,也更愿意为之付出努力,而且在实现真实目标后,他们的幸福感也会大幅提升。实现真实目标能够体现我们真正的价值,满足我们的内在需求,最大化地收获情感益处"①。

4.幸福与安全感的关系

研究表明,安全感对幸福非常重要,是实现幸福的前提条件。海布伦认为,"幸福最明显的必要前提就是不能有受到威胁的感觉:你拥有必不可少的东西,并对此感到安全"②。他认为至少有三种安全感在幸福中扮演了重要角色,分别是:物质安全感,包括财富、金钱等;社交安全感,即一个人对于人际关系和自己在社群中的位置感到安全;事业安全感,即一个人可以在自己的主要事业中看到成功的可能,从而产生安全感。

5.幸福与成功的关系

一般人都认为成功会带来幸福,实际情况是"未必"。本-沙哈尔在《幸福的要素》中列举了大学教师评终身教授和彩票中奖者、刚考入大学者的例子,得出结论:成功的确会让你经历高光时刻,而失败会让你坠入低谷,然而,这些起起伏伏的情绪转瞬即逝,它们(成功)无法成为幸福或不幸福生活的基石。成功和幸福的关系非常紧密,但却与多数人的认知截然相反。并不是成功带来幸福,而是幸福带来成功。本-沙哈尔认为,是幸福让人更加成功,幸福让人受益,而不是成功让人更幸福。"如果没有通过自己的努力获得成功,没人能够体会到真正的幸福。成功给人胜任感,让人觉得自己能够创造性地解决任何问题。对自己是否满意,取决于两种评价标准,一种是社会的成功标准,一种是自己的成功标准。换句话说,取决于同外在目标和内在目标进行比较。"③所以我们要正确对待成功和失败,真实的幸福取决于内在

① 柳博米尔斯基.如何获得幸福[M].周芳芳,译.北京:中信出版社,2022:192.
② 海布伦.幸福[M].肖舒,译.南京:译林出版社,2020:62.
③ 弗里斯.幸福等式:幸福与成功沉思录[M].丁丹,译.北京:东方出版社,2019:83.

成功,也就是人们所过的充实生活的结果。过于迷恋成功或者将幸福等同于成功,反而是当今社会人们痛苦的源头。

6.幸福与帮助别人的关系

幸福是一种分享,而不是独占,帮助别人能够带来更深层次的幸福。正如《幸福等式》一书所言:"我非常强烈地相信,当我们通过积极助人把幸福分享给别人时,我们的幸福感也会提升。我访谈过的所有从事志愿活动的人都报告说,当他们参加志愿服务项目时,幸福感会提升,而且觉得自己充满活力、精力十足。他们还报告说,志愿活动让他们的内心不再觉得空虚——内心空虚是很多人为极端个人主义付出的代价。当我们伸出手帮助别人时,当我们从个人主义者向乐于助人者转变时,我们是最幸福的。"[①]在乐于助人中寻找幸福就是要克服和超越自我中心主义和利己主义,愿意为他人、集体提供帮助和带去幸福,并且把自己的幸福建立在这个基础之上。

四、大数据时代幸福评价教育的实现

(一)幸福评价教育的实施标准

近年来,许多政府机构及国际组织纷纷开发衡量国民幸福程度的指标体系,然而由于大多数指标只片面地选择一种或两种测量范式,因此,即使是面向同一研究对象,得出的幸福指数也不尽相同。与此形成鲜明对比的是,OECD(经济合作与发展组织)等机构将幸福的生活质量、情绪状态、自我完善、日常体验不同测量范式进行全方位融合,形成系统的幸福测量框架体系,更为全面地对人们的幸福状况进

---

① 弗里斯.幸福等式:幸福与成功沉思录[M].丁丹,译.北京:东方出版社,2019:127.

行了评定。幸福测量的意义在于促使政府的关注重心从人们的物质需要和经济条件转移到人们的精神追求和心理感受上。

1. 以目标导向为依据，科学设置指标构成和评定标准

指标体系具有系统性的特征，它由指标系统和指标权重构成。指标体系需要全面地具体地反映概念的本质，只有这样，研究才具有科学性、准确性。评价指标体系的建立、权重在各个指标间的分配及评价标准的划分都应该与幸福评价相适应。在评价指标体系的设计过程中，应遵循"具体简洁、科学有效"的原则。本书赞同将幸福感受作为评价的目标，从幸福心理、幸福生活、幸福文化、幸福学习、幸福实现等方面，做出精细的划分与分析，从中选择出有价值、有效的评价指标，按照"一级指标、二级指标、主要观测点"这种形式来进行评价体系建设，借助简短的书面文字评价内容和重点不受约束、没有标准规范，但明确、灵活、反馈简捷的评语法进行评价，或是通过"ABCDEF"这种层次评价及"1、2、3、4"打分的方式对研究对象进行分数等第式评价。

2. 以评价功能为依据，合理进行权重设计与标度设定

通过直接判断法、经验加权法、德尔菲法、层次分析法和权值因子分析法等常见的权重设计方法，对指标评价进行权重设计，主要是对评价指标客观观测和主观评价的反映。在幸福评价指标体系权重具体设计过程中所运用的方法要简单易行、便于操作、节约时间、决策效率高，并且所使用的方法对于评价者来说具有较强的理论基础，只有这样才能在评价的过程中让更多的群体接受。同时以描述式标度、等级式标度、数量式标度、定义式标度还有综合式标度对评价标准进行层次性的划分，使评价内容更具体、明确、清晰。

3. 以评价实效为依据，全面进行论证测试和测试修订

为了使评价指标体系更加科学、合理、准确，我们需要进行信度测

试。在进行相关的评价指标信度测试的时候,要选择其中的一组或者多组评价指标针对固定的被评价群体进行数据方面的测试。在测试的过程中,如果测试产生的结果与实际情况误差较小,我们就可以认定其符合群体的特征。这也从侧面反映了评价指标体系的设计是符合客观实际情况的。如果评测的数据误差较大,就很难准确、全面地体现出被评价群体的客观实际情况,这样就会让整个评价指标体系的测试信任度降低。因此,我们要尽可能地对造成这些误差的原因进行系统深入的研究、剖析,分析造成这些误差的原因,并且有针对性地进行改进和修订。只有经过整个评价体系的设计以及实践环节的反复论证、修正,才能得出一个比较完善成熟的幸福评价标准实施体系。

(二)幸福评价教育的实践路径

真正的教育实践活动离不开教育者和受教育者,或者说教师和学生的参与。幸福评价教育相对于传统教育具有更深远的伦理价值和时代价值。我们要根据学生和教师在教育活动中相互依存、相互理解、相互支持的互动关系进行教育实践活动。一方面,通过教师与学生之间关心、回应的循环创造自由、平等、快乐的教学环境,让学生在获取知识的同时,切实感受教育所给予的温暖和幸福,注重美德培养,增强学生的自我认知和创新鉴赏能力,走向健全人格、全面发展之路。另一方面,学生接受教育的过程不能脱离教师的引导,因此,不能忽视教师的幸福感,在满足教师基本生活保障的前提下,强调教师精神愉悦的重要性,有助于提升教师工作的幸福指数,无疑会营造更加和谐幸福的教育氛围。

1.创建幸福学习环境

一个人的成长和发展离不开环境的影响。一般认为,轻松愉快的

环境可以造就一个人活泼乐观的性格;反之,沉闷压抑的环境会导致
消极自卑的心态。若要让学生在教育中感知幸福,就应该让学生处于
幸福的教育环境中。除了家庭环境,学生接触最多的便是校园环境,
如何让学生在学校不仅感受到浓厚的学习氛围,而且体会到如家一般
的温馨幸福,至关重要。学校应是学生在其中合法自由地展示和探索
丰富多彩的人生目的的地方。伴随着强烈的好奇心和探索欲,教师和
学生应共同生活和成长,共同享受幸福。强调幸福教育,就应以幸福
为核心,以轻松愉快的激励性标语替代严肃无情的升学口号,应加大
对音乐、体育、美术科目的重视,适当减少作业量,改变单方面灌输的
教学模式,让学生变被动为主动,更多地参与到教师"教"的过程中,在
平等、互动的合作讨论中学习知识,感知教育的幸福魅力。

2.充实自身精神生活

在大数据时代,以知识取向为主导的教育模式在帮助人们取得丰
富物质财富的同时,使得人们的精神逐渐走向衰弱,面临着教育中人
文精神的危机。人的发展不应是某一方面的发展,而应是生命全部的
发展,是身体、心理以及精神的共同发展。幸福教育是重视情感、重视
精神追求的教育,强调心灵的充实和满足。"心灵的力量"代表人的优
良品德,美德能够赋予人心灵的力量。并不是所有的心灵气质都有助
于人们获得幸福,某种脾性也许是非常可爱的,却不能给人带来幸福,
最幸福的心灵气质是品德善良。精神的满足,心灵的充实,离不开美
德这一重要来源。诺丁斯曾指出,一种良好品德的形成能够增进人的
幸福。对教师而言,应提高自身职业道德修养,积极投身于教育实践,
在充实的工作中感受成就感、幸福感,进而促进专业水平的提升。此
外,教师还应加强对学生的美德教育,帮助学生养成融洽他人、受人欢
迎、有机整合的个性,让学生在幸福教育的环境中感受美德的力量,精
神生活得到充实,避免其在接受教育的过程中感到空虚和茫然失措,

增加学生获得幸福体验的机会,更贴切地实践幸福教育。

3.建立良好师生关系

师生关系是教育过程中的重要元素,对于人才培养具有重要的影响,不同的师生关系将会影响不同人才规格的形成,影响不同教育模式的产生。我国传统教育基本上是一种"师道尊严"格调的师生关系观。教师拥有至高无上的权威,学生必须服从教师的一切教育设计和安排。随着社会的变迁,师生关系随之变化。师生之间应民主、平等的声明在教育界的呼声不断高涨,反对"主体—客体"的师生关系观,认为其将学生在教育中的地位边缘化,学生的情感需求得不到应有的"满足",难以获得教师的"关心",学生便会生活在支配与被支配的教育关系中,快乐与幸福将无从谈起。此外,自我与他人也构成复杂的社会关系而相互依存。诺丁斯认为,我们所处的社会环境应该是一个充满关心的关系链,关心即具有保护或者维护他人的责任,帮助他人获得幸福,自我对他人负有责任,不能将自我与他人置于冷漠的关系中,应充满关心,提升他人幸福感。强调关心,也不是单方面的,只有当关心者施以关心,被关心者给予回应,关心关系才算正式建立,关心的价值才得以体现。在幸福评价教育实践中,师生之间的关心应该是相互的,教师以学生的基本需要为落脚点进行课程设置和教学活动,学生在接受教育过程中能明白教师的良苦用心,并通过课堂积极回应,与教师和谐融洽地处于教育实践中。通过建立这样的师生关系,可以让学生在充满关爱的教育环境中感受充满幸福的学习过程,并积极回应,教师也因此获得职业幸福感。这一新型师生关系,关注人性,让师生之间保持一份良好的友谊,加强彼此的互动,是幸福评价教育的可行性实践路径。

第九章
大数据时代的幸福叙事教育

　　社会学家涂尔干曾说:"教育是社会化的重要手段,只有通过教育,才能把社会的共同价值观传递给下一代。"[①]教育不仅承担着知识传递的功能,更重要的是在知识传递中通过共同观念的塑造进行育人。幸福教育作为一种以幸福思想塑造和幸福能力提升为目的的教育实践活动,是一种着力于培育学生拥有幸福人生而需要的幸福观、幸福品质和幸福能力的教育,也是高校落实立德树人根本任务的重要组成部分。幸福教育寓幸福观教育和价值观引导于知识传授和能力培养之中,在知识传承中实现思想认同、意义建构和价值塑造,引导学生树立正确的世界观、人生观、价值观。

　　幸福教育是思想政治教育的重要组成部分,都是要引导广大青年把个人幸福与社会幸福相结合,在为国家和社会做贡献的过程中实现人生幸福。幸福教育与思想政治教育在实现路径上也有相通之处,二

---

① 吉登斯,萨顿.社会学基本概念[M].2版.王修晓,译.北京:北京大学出版社,2019:114.

者都属于隐性教育类型，不是直接进行理论说教，而是融理论教育于日常生活之中，通过典型的故事和事例启发受教育者。二者都属于生活教育类型，具有叙事教育性质和功效。从叙事理论出发，我们可以把幸福教育定义为一种在师生幸福共同体基础上的叙事性教育活动，从而建构一种幸福叙事教育理论模式。

一、幸福教育与思想政治教育的关系

（一）幸福教育是思想政治教育的重要组成部分

思想政治教育最根本的任务就是解决社会发展所需要的思想观念、政治观点以及道德规范方面的总体要求与社会成员现有实际水平之间的矛盾，也就是说，思想政治教育就是要让社会成员的思想水平跟上社会发展的需要。

习近平总书记在与北京大学师生的座谈会上指出："人才培养体系必须立足于培养什么人、怎样培养人这个根本问题来建设，可以借鉴国外有益做法，但必须扎根中国大地办大学。"[①]习近平总书记强调的要"扎根中国大地办大学"，具体来说就是中国特色的高等教育要始终坚持社会主义办学方向，始终坚持育人育才相统一，始终坚持把立德树人放在首位。这既是对中国高等教育功能目标的定位，也提出了具体的路径，是目的与手段的有机统一。中国特色高等教育基于中国经济、政治基础及其发展需要。中国在发展道路上始终坚持走中国特色社会主义道路，在意识形态领域坚持马克思主义的指导地位，在政治上坚持中国共产党的领导，这些都决定了中国特色的思想政治教育的实质就是不断用走中国特色社会主义道路、坚持马克思主义的指导

---

① 习近平.在北京大学师生座谈会上的讲话[N].人民日报，2018-05-03(2).

地位和中国共产党的领导等思想观念武装人们的头脑。

幸福教育是基于青年幸福观、幸福能力和幸福评价等方面提升的教育,既隶属于思想政治教育,又是思想政治教育的特殊形式,二者都属于致力于人的思想形塑与行为引导。

(二)幸福教育与思想政治教育相互促进

1.幸福教育是思想政治教育的切入点

幸福教育作为思想政治教育的特殊形式,与思想政治教育之间存在一定差异。幸福教育的切入点和着眼点是个体,而思想政治教育的切入点是共同体和集体。也就是说,幸福本身是主观性的概念,个体性强,即使是人民幸福这个概念,着眼点和最终落脚点也是在个体身上,也就是个体以人民幸福为己任,作为个体追求幸福的目标和方向;思想政治教育的着眼点则是家国情怀,以主流意识形态和社会主义核心价值观引导和形塑学生的思想,把思想教育和知识教育相融合,不仅让学生学习知识、增长技能,更重要的是让学生知道学习为了什么和为了谁的问题,也就是正确方向的引导。从这个角度看,幸福教育是思想政治教育的重要内容,是让广大青年树立个体幸福和共同体幸福相融相生的思想。

2.思想政治教育是幸福教育的落脚点

幸福教育与思想政治教育是相融相通的,思想政治教育要融入日常生活,宏大叙事和宏观的理论要与个体生活和行为相结合,幸福教育可以作为思想政治教育的着眼点,教育的终极目标是个体的幸福和共同体的幸福,幸福是人们生活的理想状态,是大家关心和关注的领域。树立正确的幸福观也是思想政治教育的重要着眼点,以为国家繁荣富强和实现中华民族伟大复兴的中国梦而奋斗为幸福,以为社会和人民奉献为幸福,这些都是一种目标层面的牵引。幸福教育为思想政治教育提供了主题和话题。思想政治教育可以真正地把幸福教育带入日常生活。单纯的幸福课更多的是一种心理调适和理论建构,而思想政治教育却可以让学生从各个学科的杰出人物为人类幸福和个人幸福而奋斗的故事中汲取精神力量。幸福教育解决的是人生发展内生动力机制的问题,也就是人的价值和目标层面的东西,这与思想政治教育也是相通的。

二、幸福教育的理论预期与实践误区

(一)幸福教育的理论预期

按照吉登斯的定义,"教育就是传递知识、技能和行为规范,使得下一代能够成为合格的社会成员"[①]。幸福教育作为思想政治教育的重要组成部分,是遵循教育发展规律和人才培养规律的必然结果,在理论上实现了教育技术论与文化论、教育工具理性和价值理性、教育知识化与生活化的有机统一。

1.教育技术论与文化论的有机统一

现代意义上的高等教育起源于西方,西方对高等教育的认识一直有两个传统:一种是教育技术论,一种是教育文化论。教育技术论认为,教育致力于传授知识,是一种知识的传承,而知识是一种客观存在的反映。作为知识传承的教育是一种技术,就像制造机器装备一样,只要按照相应的标准和流程,就可以把知识传递给下一代。而教育文化论认为,教育是一种意义的生成,正如布鲁纳所说,"'现实'经由一

[①]　吉登斯,萨顿.社会学基本概念[M].2版.王修晓,译.北京:北京大学出版社,2019:113.

种符号构成而重现,而这种符号构成又是由一个文化社群的成员共同分享的,他们必须通过这种符号构成来组织和构建他们的技术/社会生活"①。通过文化来塑造心灵,这正是教育的文化功能。教育在本质上具有符号的互动属性,教育不是直接影响受教育者,而是借助一定的信息载体。现实中个体经验在意识中的反映不是本源性的,而是借助人类可以共同享用的符号系统进行了重构,这种重构实质就是意义的建构,也就是赋予现实经验以意义。教育的这种属性就是文化赋能,借助于符号系统搭建的理论体系,人们对经验世界以一种共享的方式进行把握。幸福教育融入课程教育,在知识传授中实现幸福观和价值引领,所要实现的就是对这种共享模式的植入和传承,从而实现了教育技术论和文化论的有机统一。

2.教育工具理性与价值理性的有机统一

教育既具有工具理性,又具有价值理性,是二者的有机统一。受教育者的学习都是从认识世界和自我开始的,初始阶段需要大量的概念储备和信息存储,在这个阶段,知识传授建造起了知识大厦的根基,也就是提供了认识世界的工具。理性化在西方有一个变迁的过程,在这个过程中,人们在社会生活中越来越多地用"手段—目的"和效率标准来思考和行动。可以说,传统的专业知识教育正是以理性化为鹄的,当人们按照理性原则行动时,行事之前深思熟虑,对各种可能的结果进行全面系统的评估。以理性化为鹄的知识传授本来无可厚非,但是随着受教育者生长时期的变化,进入青年期的学生将不再满足做知识的传声筒,而知识的工具理性一旦发展到极致,也必然遭到人们的反对。知识与价值融合本应是所有课程教学的固有目标,但在过去很长一段时间内,由于技术主义和功利主义的影响,人们更关注知识获

---

① 布鲁纳.布鲁纳教育文化观[M].宋文里,黄小鹏,译.北京:首都师范大学出版社,2011:101.

取或技能提升,课程发挥工具理性的知识传授功能一直比较到位,而目的理性价值形塑功能一定程度上存在弱化,幸福教育就是在课程教学过程中,在知识传授的同时致力于意义建构和价值认同,实现教育工具理性和价值理性的融合。

3. 教育知识化与生活化的有机统一

我们生活的世界具有一定的时空性,是一定历史背景和具体环境相结合的产物。理论知识作为理性认识的结果,是人们对自然界或社会发展进行抽象和普遍化的产物,抽空了时空背景和环境,所以与生活产生了距离。理论知识在本质上作为对现实世界的超越,对生活起指导作用,应该始终具有一种生活指导的价值取向。但是在知识传递过程中,往往过于关注纯粹知识,致使理论知识蜕变为一种单纯的思辨行为。幸福教育就是要让思想政治教育重新回归生活,实现感性认识与理性认识的统一,培养学生的历史感与现实感。思政课程教育与幸福教育既相互联系又有本质区别,前者是知识化、理论化的思想政治教育,致力于知识体系建构,具有鲜明的理论品格;后者是经验化、实践化的思想政治教育,致力于实践指导和运用,具有鲜明的实践品格。二者相辅相成、互相补充,思政课程形成的是理论化的思政知识体系,幸福教育则是一种生活化、故事化的思想政治教育,是思政理论在经验世界和实践领域的检验和强化。

(二)幸福教育存在的问题

幸福教育目前尚处于粗放式发展阶段,规范性、标准性建设不足,考核评价、过程监管不够,呈现出理论化、形式化、娱乐化等症候,我们可以归结为"简单化幸福教育",主要有以下症候。

1. 理性化的灌输式教育

幸福教育本质上是一种体验式教育,但是在简单化模式下,教育者直接将理论知识传输给受教育者,是一种典型的灌输式教育,采取的是理论知识直接传输路线。教师结合自身经验对专业课程中的幸福元素进行了知识化提取,上升到理性认识层面,随后直接以理论形式传授给学生。这是一种从理论到理论的教学方式,过程中虽然也有教师个人具体经验的介入,但因为教师和学生在知识储备和生活阅历方面存在差异,对理论的理解和接受程度不同,如果教师把一个增添了个人色彩的理论之球抛给了学生,但学生难以形成认同,那么通过这种方式进行的幸福教育效果将大打折扣。

2. 以教师为中心的单向传输教育

幸福教育是一种互动性、参与性教育。正如诗人叶芝所言,"教育不是填充一个空水桶,而是生起一团火焰"。教育是师生共同努力的结果,幸福教育理应建立在师生共同体理念之上。简单化模式显然背离了教育之根本,这种幸福教育体现为"三多三少",即对教师、教学、教材层面关注较多,而对学生、学习、学会层面关注较少,是一种单向度的灌输性幸福教育,对幸福教育的主体间性、协同性、耦合性特征把握不准,致使幸福教育沦为任课教师的"独角戏"。

3. 整体性缺失的碎片化教育

幸福教育是一种整体性价值教育,所聚焦的是价值和意义教育。但在简单化幸福教育模式下,高校对幸福教育系统的设计和谋划不足,幸福教育难以统一标准,有些教师认为幸福教育就是零星幸福故事的讲解,缺乏整体性、系统性、协同性。

(三)幸福教育的应然状态

简单化幸福教育本质上是一种形式主义的幸福教育,需要对其进行根本性变革,应然状态的幸福教育实现路径如下。

第一，幸福元素的挖掘。专业教师结合自身经验挖掘专业知识中的幸福元素和幸福故事。根据自身经验对幸福元素进行提炼抽取，关键点是教师要有幸福元素的前概念储备，也就是习近平总书记强调的"要坚持教育者先受教育"①，要先"明道、信道"，按照"四有好教师""四个引路人"的要求不断提升自身思想政治素质，具备一定的思想政治教育知识和幸福理论知识，能够从专业知识中发现幸福相关元素及其逻辑关系。

第二，幸福元素的概念化处理。根据统一的教学指导要求对幸福元素进行概念化处理。对专业课程中的幸福元素进行系统化处理，这是一个抽象化、形成概念的过程，如爱国主义、奉献精神、奋斗精神等。这一过程的关键点是，幸福元素的概念化处理要遵循一定的标准，也就是对主流意识形态和社会主义核心价值观的宣传与阐释，而不能随意概括。

第三，幸福元素的故事化。采取故事化形式，将抽象知识经验化。幸福元素借助叙事形式，将抽象理论转变为一定个体或群体的具体经验，也就是幸福故事的形式。这一环节的关键点是教师要掌握一定的叙事技巧和策略。故事具有整体性特征，要注意将知识整体带入和整体融入，通过因果关系的分析将知识和理论讲深讲透，实现幸福元素和专业知识的无缝对接。携带了幸福元素的故事要与专业知识和课程相关，要通过幸福教育让专业知识的学习效果更好，避免所讲故事仅有幸福元素而缺少了专业元素。

第四，幸福故事的传播。借助故事形式将整合后携带了幸福元素的专业知识传授给学生。传授过程中要实现双向交流，交互式传播，要让学生积极参与，故事本身具有开放性的特点，要引导学生自己去

---

① 习近平.在北京大学师生座谈会上的讲话[N].人民日报，2018-05-03(2).

挖掘幸福故事,去领悟和体验专业知识学习中所蕴含的精神力量和思想内涵。

通过增加"叙事化、故事化"环节,幸福教育模式发生了根本性改变。从内容上来看,幸福教育传递的不仅仅是幸福知识,更重要的是携带了幸福元素的知识综合体;幸福元素所起的作用是为知识学习加"盐",给专业知识增添味道,让专业知识变成有方向的"矢量",也就是将客观性的专业知识变成适合中国国情、有温度、有情怀的知识。从成效来看,增加故事化环节,也就是将幸福元素转化成故事,通过对抽象概念的具体化处理,以符号形式将抽象理论转化成具体经验,从而更贴近受教育者,实现入心入脑的效果。

幸福教育应然状态模式既符合辩证唯物论的认识论,实现了感性认识与理性认识的辩证统一;又遵循人才培养的根本规律,实现了育才与育人的有机融合,这种模式的实现需要建构一种全新的幸福教育理论,寻找一种知识教育和价值教育有机融合的有效载体,幸福教育叙事化理论应运而生。

三、大数据时代幸福叙事教育的基本内涵

选择叙事作为幸福教育应然状态的载体是因为叙事是实现知识建构和意义建构一体化的最有效方式。叙事是一系列事件的有效组合,"是对于时间序列中至少两个真实或虚构的事件与状态的讲述"[①]。叙事的目的是凸显某一主题或讲述某一道理。叙事不是随机事件的穿插,而是事前要进行整体布局和谋划,由叙事主体按照某一叙事策略来设计,不断强化或突出某一主题,实现布鲁纳所说的"叙事思维追

---

① 普林斯.叙事学:叙事的形式与功能[M].徐强,译.北京:中国人民大学出版社,2013:4.

求意义生成或建立一致性"①。教育和叙事密不可分,"教育领域还存在着另外一种'叙事状态',即总是急于将叙事与德性联系起来,实际上,如果没有叙事,自我都没有建立起来,谈何德性"②。叙事思维是指向人的、以人为核心的思维方式,作为道德主体的人都是由叙事建构的,幸福教育不能没有叙事思维。

高德胜在《生活德育再论》中提出了命题思维和叙事思维的区分,他认为品德教材的说理论证思维方式不是孤立的,是现代社会、现代教育强调"命题思维"、排斥"叙事思维"的缩影。他对命题思维和叙事思维进行了界定:所谓命题思维,就是一种关注因果关系、关注规律的思维方式,往往采用"如果—那么"这样的推理形式,是一种排除背景和无关因素的逻辑化、理论化、科学化的思维方式;所谓叙事思维,就是嵌入这里和当下(当地、当时),探索由人的行动所导致的事态变化,往往采用"人物(自己或他人)—时空(时间、地点)—事件(行动所导致的事态变化)"这样的叙述方式,是一种融入具体背景、关注具体细节和人物思想与情感的思维方式。这两种思维方式对人来说都是必不可少的,但适用领域有所不同。命题思维总体上指向外在于人的世界,体现人探究自然的渴望;叙事思维总体上指向人自身,是人自身的探究、展现与表达,是人探索自身特性的独有方式,也是人认识自我、理解自我、认同自我的主要方式。

高德胜的叙事思维给我们界定幸福叙事教育提供了借鉴。幸福叙事教育是把叙事思维运用到幸福教育实践,通过叙事化路径将幸福教育内容整体融入幸福故事讲解和知识传授,在师生共同体和叙事共同体一体构建基础上实现幸福教育与思想政治教育、专业教育的深度

---

① 拉斯洛.故事的科学:叙事心理学导论[M].郑剑虹,陈建文,何吴明,译.北京:北京师范大学出版社,2018:3

② 高德胜.生活德育再论[M].北京:人民出版社,2019:268.

融合。具体来说,就是专业教师深入挖掘专业课程中的幸福教育资源,以故事的形式传授给学生,在故事讲解中实现师生经验共享、意义共建、价值共生,进而在知识传授和能力培养过程中实现幸福思想认同、价值塑造和行为引导。在幸福教育的实践过程中,知识进行了三次转化。

第一次,从普遍知识到教师的个体知识。教师把掌握的知识经验化,实现的是经验共享。幸福教育传授的知识是携带了价值和意义的知识,教师携带的幸福观和价值观对具有普遍性的知识进行了编排,原来的普遍知识转化成了携带了具有教师幸福观和价值观烙印的个体知识。在这个过程中,教师借助的是经验化,也就是以个体幸福经验来穿透普遍经验,汲取与自己个体经验共鸣的幸福经验。

第二次,从教师个体知识到叙事化知识。教师传授知识叙事化,实现的是意义共建,这也是幸福教育最关键的环节。这一阶段的任务是教师要为携带了个体价值观的幸福元素找到一个有效载体,也就是要构建一个叙事共同体,把教师知识转化为学生知识,这个时候要借助于叙事化。这一过程也是一个意义共建的过程。教师在设计和考虑传播载体的时候,要把潜在的接受对象考虑进来,结合学生的知识储备来准备。

第三次,从叙事化知识到学生的个体知识。这一阶段是学生接受叙事化知识并进行内化,实现的是价值共生。第三阶段的任务是学生要将教师传授的知识转化为自己的知识,尤其是将其中内含的幸福思想、价值观内化为自己的思想、价值观。

三次转化过程需要一个前后连贯的载体,这个载体是一个互动载体、交互式载体,在转化过程中有增值也有损耗,但是其所携带的本质性的东西不能变。要做到这一点,只有借助于叙事。只有叙事可以做到知识经过三次转变而携带的信息保持不变。

四、大数据时代幸福叙事教育的理论基础与实践逻辑

幸福叙事教育可以借鉴英国布莱顿大学古德森教授叙事学习理论成果,采取两个分析策略:一是幸福教育的品质,二是幸福教育的功效。前者指幸福教育的主要形式和结构,是幸福教育目标达成度;后者指通过幸福教育我们能做什么以及做了什么,是幸福教育功能实现度。幸福教育功效又可以细分为学习潜能和行动潜能,前者指幸福教育如何转化为受教育者的学习潜能,受教育者如何从幸福教育中学习,能学到什么;后者指幸福教育如何转化为受教育的行动潜能,幸福教育这种学习如何转化为行动、能在多大程度上转化为行动。

基于上述分析策略,我们可以从育人理念和教育实践两个层面重新认识幸福教育。

从理念来看,幸福教育本质上是一种基于师生幸福共同体的育人理念,既是中国特色铸魂育人、立德树人教育理念的集中体现,也与杜威提出的"交流的参与理论"相吻合,教育是师生共同交流与参与的过程,在交流与参与过程中完成了知识建构和意义建构。

从实践来看,幸福教育是一种具有中国特色的叙事性教育实践活动,是扎根中国大地办教育、讲好中国幸福故事、传播中国幸福故事的教育实践活动。通过幸福教育可以实现"又红又专"的社会主义建设者和接班人的培养。

师生共同体和叙事性活动是幸福叙事教育理论的两个支柱,师生共同体理念是对幸福教育"道"之层面的认识,也就是幸福教育实际上要实现的是教师幸福认同、价值塑造基础上对学生幸福认同和价值塑造的感染和影响,也就是师生幸福思想一体化、社会化过程。叙事性教育活动是对幸福教育"术"之层面的认识,也就是幸福教育要借助于叙事化手段实现其功能和目的。

(一)幸福叙事教育理论基础:师生共同体理念

幸福叙事教育是建立在师生共同体理念之上的,这也是幸福叙事教育能够得以实现的理论基础。

师生共同体是认识和把握大学本质特征的起点。共同体是一个人类社会学范畴的概念,1887 年由德国社会学家滕尼斯在其成名作《社区和社会》一书中首先提出,旨在强调人与人之间的亲密关联,特别是形成共同的精神意识以及共同的归属感和认同感。德国教育哲学家雅斯贝尔斯基于"教育是人的灵魂的教育,而非理智知识和认识的堆集"[①],形象地将教育比喻为"一棵树摇动另一棵树,一朵云摇动另一朵云,一个灵魂唤醒另一个灵魂",并将大学的本质界定为师生共同体。幸福教育作为贯彻落实立德树人根本任务的重要举措,其着眼点和落脚点是引导学生从知识世界走向意义世界,实现知识、价值的统一。而达成这一目标,需要借助师生共同体概念。

幸福教育借助师生共同体实现知识传递和价值建构。知识世界是一种理性化世界,是对人类经验的抽象与概括,具有客观性、普遍性、抽象性,但是知识作为对自然和社会规律的主观映射,并不是价值无涉的,而是具有一定的主体性特征。教育活动并不仅仅是传授知识,更重要的是让知识为人类服务,也就是为知识赋值,让其具有价值和意义维度。幸福教育实际上是教师(教学)幸福教育与学生(学习)幸福教育的共同体。前者主要是从供给侧的教师端来考量,幸福教育要有丰厚充实的内容和科学有效的传播手段,也就是要提供高品质的内容和高质量的授课方式;后者主要是从需求侧的学生端来考量,幸福教育最终的考核标准是育人成效,也就是对学生进行思想引领、价

---

① 雅斯贝尔斯.什么是教育[M].童可依,译.北京:生活·读书·新知三联书店,2021:4.

值塑造和行为规范引导的实效,要看其有没有提升学生的学习潜能、有没有转化成学生的行动潜能。只有兼顾品质和功效,幸福教育才能达到预期效果。

(二)幸福叙事教育实践逻辑:叙事性教育活动

幸福教育具有叙事性实践活动特质。叙事本质上是建立在人类经验共同体上的对人生意义的一种把握方式,"是建构人的个体性和社会性的一种重要手段"①。通过叙事,人生被赋予了意义和价值。布鲁纳将人类思维方式分为两类,一类是科学范式,一类是叙事思维。二者都是借助一定的媒介将人类的具体经验进行抽象化和普遍化,区别在于选取的媒介和借助的工具不同:科学选取的是自然世界,借助的是概念、逻辑等理性化思维方式;叙事选取的是人类自身,借助的是故事等具象化思维方式。幸福教育指向意义世界,打通的是知识世界与意义世界,不仅要让受教育者学习知识,还要使其掌握知识的意义,知道学习知识的目的和价值,具有很强的叙事特质。可以说,幸福教育传授的知识本质上是一种叙事化的知识,也就是通过故事化对知识进行意义赋值,知识的意义在事件关系中凸显。幸福教育与叙事具有高度契合性,教师和学生分别对应着叙述者和受述者,教师选取的幸福元素对应着叙事主题,融入了幸福元素的课程内容对应着事件,教师讲授的节奏对应着叙事时间。叙事是人类将其在时间中的经验组织为有意义的整体的主要手段。人们通过叙事来理解事件之间的整体意义。叙事化策略让学生超越知识来理解知识的价值和意义,是实现思想政治教育与专业教育融合、提高幸福教育实效的关键。

---

① 张荣南.叙事的自我:我们如何以叙事的方式理解自身[M].上海:华东师范大学出版社,2019:12.

幸福教育具有叙事性活动功效,是思想政治教育向生活教育和课程教育的延伸。幸福教育不仅具有叙事特质,还具有一定的叙事功效,通过经验共享、意义共建、价值共生,实现了政治认同、价值塑造、行为引导功能。

幸福教育的本质功能是在知识传授过程中实现政治认同、价值塑造和行为引导。政治认同解决的是道路和方向问题,提升的是政治判断力、政治领悟力、政治执行力,知道何为正确、何为错误,对应的是真理问题;价值塑造解决的是内涵和素质问题,提升的是价值判断力,知道何为好、何为坏,形成价值判断标准;行为引导解决的是人生目的和动力问题,清楚人生何为、意义何在,提升的是行动力。三者分别对应的是思想认识、价值评判、实践指引领域的问题,有机统一于人才培养全过程。

(三)幸福叙事教育育人功能实现路径:共享、共建、共生

幸福教育是一种体验性、参与式、整体性教育,其叙事化教育功能主要通过师生经验共享、意义共建、价值共生来实现。

通过师生经验共享实现幸福思想认同。涂尔干提出,教育具有社会化功能,也就是通过教育,让人们形成共同的思想观念,从而造就具有社会性的人。叙事心理学认为,"叙事是组织经验的固有形式,并塑造了人类的内心世界,同时,它也将经验与社会和文化联系起来"[①]。幸福教育本质上就是为了实现经验共享与同化,在人类共同经验传递中实现政治引导和方向掌控。教育所要实现的就是把人类历史上传承下来的、有价值的共同经验传递给下一代,从而实现人类文化的迭

---

① 拉斯洛.故事的科学:叙事心理学导论[M].郑剑虹,陈建文,何吴明,译.北京:北京师范大学出版社,2018:87.

代传递。共同经验可分为理性经验和价值经验,前者以知识的形式予以传承,后者以文化的形式予以传承。教育所进行的知识传递始终是理性经验和价值经验的结合,不同国家民族会根据自己国家民族的需要选择一种有利于维护国家统治和民族文化传承的价值经验来引导理性经验学习。所以,知识经验决定了共同经验的深度和广度,价值经验决定了共同经验的政治属性、价值归属。幸福教育就是要提升教育中对价值经验的重视程度,以价值经验来驯服和引导知识经验,从而保证高等教育的社会主义办学方向和社会主义属性,让知识更好地服务于以人民为中心的发展理念,更好地服务于社会主义现代化建设和中华民族伟大复兴的中国梦的实现。

通过师生意义共建实现幸福价值塑造。美国学者玛莎·纳斯鲍姆在为通识教育辩护时提出:"有些院校采取了更灵活的制度,把苏格拉底的价值观融入很多不同类型的课程当中,也会取得良好的效果。"①可见,美国也在把价值观融入不同类型的课程。通过讲述故事,讲述者能够唤醒或催生倾听者的人生意义。幸福教育借助叙事化可以更好地实现意义建构和价值塑造,其实是一种经验共享互动模式,教师将自己的经验融入知识中提取出来的幸福元素,也就是结合自身经验对专业课程中的幸福元素进行了知识化提取,并上升到理论层面。这个时候教师没有直接把这些理论知识传授给学生,而是对其进行了故事化处理,也就是通过具体化和经验化的形式,让理论重新回到实践层面,把理论和道理溶解在故事里,以故事的形式传授给学生。故事是一种人类共享的符号体系,有一定的叙事框架和叙事体系,也就是说故事不是自我陈述,而是以叙事者的视角来对一系列事件进行重组,故事所呈现的是可能世界,从而包含了意义的传递。叙事者对

---

① 纳斯鲍姆.培养人性:从古典学角度为通识教育改革辩护[M].李艳,译.上海:上海三联书店,2013:286.

事件的选取体现了一种视角,而这种视角就是让大家都能够从他者的角度对事件进行审视。叙事拉开距离来展现事件中的人物,并在其中融入了叙事者的价值评判。而且在故事的解读过程中,读者也融入了其中,有一千个读者就有一千个哈姆雷特,故事是叙事者和接受者共同交流的载体,故事的意义由作者和读者共同创造,在读完故事之后,读者也拥有了故事所承载的价值体系。

通过师生价值共生实现幸福行为指导。金耀基在《大学之理念》中提出,协助年轻人养成其品性则是教育者最大之任务。他说:"近代哲人布伯(Martin Buber)对教育的看法是与中国的传统比较相契的,他说'真正配称为教育的,主要是品性的教育',而协助年轻人养成其品性则是教育者最大之任务。无可置疑,品性教育之成功不能靠'说教',而必须靠'身教',这只有在一个心灵与一个心灵真诚相遇时,才能彼此发生感染力。在道德教育上,教师对学生最有益的帮助不在抽象的不关痛痒的说理,而在如何切己相关地提出他的感受与判断。"[①]幸福教育是一种整体性教育活动,认知叙事强调人的新认知的形成不仅是大脑对外在事物进行理性计算和加工统合的结果,还是人与人之间在具体情境中所发生的情绪、情感等感知交融作用的结果。幸福教育不是单向度的理论灌输,而是一种师生行为互动、情感共生的价值观塑造过程,体现了一种主体间性特征。这里面,师生共为主体:教师在故事内容选取和传授中起主导和决定作用,教师的视野和精神境界决定了故事的精彩度;学生是核心,幸福教育的最终目标是按照既定原则和方向影响学生的思想,形塑学生的价值观,引导学生的行为,学生主观能动性的发挥至关重要,学生的参与度和配合度、学生前概念和成长经历等都会影响幸福教育的功效。

---

① 金耀基.大学之理念(增订版)[M].北京:生活·读书·新知三联书店,2020:33.

五、大数据时代幸福叙事教育的实践策略

幸福叙事教育理论运用到实践中需要一定的叙事策略,主要借助故事、情节、视角和话语的灵活运用。

(一)挖掘提炼好故事,创新幸福教育载体

注重故事性对于思想政治教育和幸福教育都至关重要。幸福教育首先要讲"好故事"。好故事是幸福教育不可缺少的载体,一个好的故事不仅仅让人们从概念上获得对它的理解,还让人们从道德上把握它的意义。好故事首先是内容好的故事,也就是携带了真、善、美的故事,落实到幸福教育中,就是在实现中华民族伟大复兴过程中最具有代表性的中国声音、中国智慧、中国方案、中国力量等方面的中国故事,这些故事首先要有政治承载力。幸福教育在幸福元素的表达过程中以什么样的故事来承载非常重要。教师要善于选取故事,要把政治标准作为首要标准。故事既要体现幸福元素,又要具有思想性,还要与课程相关。比如把陈望道废寝忘食翻译《共产党宣言》的故事、钱学森冒着生命危险从美国回国的故事、中国人经过改革开放不断富强起来的故事穿插在相关课程中。这些故事把爱国主义精神等内容形象化、具体化,把国家命运与个人幸福相结合,从而赋予了抽象理论以生命。学生在倾听这些故事时不仅开阔了视野,也在精神上受到洗礼,最重要的是他们也在参与幸福故事的创造。幸福教育还要善于"讲好"故事,授课教师要掌握讲故事的技巧,学会讲故事。幸福教育中故事情境性的设置技巧是教师讲好幸福故事必须练好的基本功。

(二)精心设置叙事情节,增强幸福教育吸引力

叙事是理解生活的手段和载体,让我们与生活拉开一定的距离,

在生活之外和生活之上来审视生活,为我们提供了一种评价标准和评价可能。所以,生活离不开叙事,叙事是生活的一部分,叙事赋予了生活价值和意义。正是在这个意义上,麦金太尔提出"正是因为我们所有人都在生活中进行叙事实践,而且我们根据叙事来理解自己的生活,所以我们体会到叙事形式可以合理地解释其他人的行为"①。

　　叙事的实现主要靠情节,情节在叙事理论中属于"被叙",它呈现所讲述的事件与状态,是叙事过程中最重要的环节。与普通的事件列表不同,叙事的过程是赋予事件情节化的过程,通过情节化,事件之间的联系被合理地阐明,使我们了解整个事情的来龙去脉。对情节的理解是进入人类意义世界的关键步骤。② 幸福教育实际上也是一种叙事化的知识体系教育,也就是赋予知识情节化的过程,通过情节化,知识之间的联系被合理地阐明,知识的意义也被巧妙地告知。叙事由事件构成,情节是一系列事件的有序组合,叙事中事件的组合方式既有时间关系,也有空间关系,还有因果关系,往往是多种关系的合理组合,幸福教育要求教师掌握这些技巧,通过情节设置让学生更好地理解幸福教育的内容。幸福教育叙事化就是要在传授知识的过程中实现幸福元素的故事化、情节化,把知识投放到一定的时空背景中,通过一系列因果关系的组合,激发人们对生命本身的思考,从而让知识从工具理性走向价值理性。

(三)巧妙选取叙事视角,拉近幸福教育距离

　　雅诺什·拉斯洛在《故事的科学》一书中根据叙述者所采纳的视角、时间位置,将叙事结构分成观察者、再体验者、体验者和穿越者等

---

①　拉斯洛.故事的科学:叙事心理学导论[M].郑剑虹,陈建文,何吴明,译.北京:北京师范大学出版社,2018:48.

②　张荣南.叙事的自我:我们如何以叙事的方式理解自身[M].上海:华东师范大学出版社,2019:13

四种,经过试验研究,得出的结论是"不同的视角的运用反映了不同的认同状态"[①]。在回顾式叙事视角下,目标人物得到了较高的评估,很少感到冲动和焦虑。幸福教育实际上是教师以个人幸福的微叙事切入人类共同幸福的历史叙事,叙事视角的选取非常重要。教师在选取叙事视角时对于不同幸福故事要分别采用观察者、再体验者、体验者和穿越者的视角。比如说在讲述历史幸福故事的时候,可以采用观察者的视角,从而让知识呈现更加客观;在讲述当下幸福故事时,可采用体验者视角,从而让幸福故事更真实感人。不管采用哪种视角,教师都是一种叙事角度,都要既融于历史叙事之中,又要有清醒的主导意识,起到向导和指导作用。

(四)合理建构叙事话语体系,助推幸福教育入脑入心

幸福教育话语需要有明显的生活话语取向,就是说,幸福故事或事件讲述者口头或书面话语侧重现实生活陈述表达的特性与取向,比如缺钙、加盐、系扣子、拧水龙头等事例都是典型的听者取向的话语思维。幸福教育叙事也要建构一种生活取向和听者取向的话语体系,将大道理用通俗易懂的生活话语表述出来。当前思想政治教育面临着各种挑战,各种非意识形态化思潮和历史虚无主义思潮时刻冲击着意识形态认同和价值信仰基础。一个群体内推崇的或者典型的故事提供了群体内盛行的价值观和规范的有关信息,以及群体内部所认同的应对方式、群体认同等方面的有关信息。幸福教育的叙事话语既要生活化、形象化,又要整体化、系统化,尤其是要避免信息碎片化所带来的深层次意义关系的缺失。

---

① 拉斯洛.故事的科学:叙事心理学导论[M].郑剑虹,陈建文,何吴明,译.北京:北京师范大学出版社,2018:88.

参考文献

一、著作类

(一)译著

[1] 马克思,恩格斯. 德意志意识形态(节选本)[M].中共中央马克思恩格斯列宁斯大林著作编译局,编译.北京:人民出版社,2018.

[2] 马克思.1844 年经济学哲学手稿[M].中共中央马克思恩格斯列宁斯大林著作编译局,编译.北京:人民出版社,2018.

[3] 亚里士多德.尼各马可伦理学[M].王旭凤,陈晓旭,译.北京:中国社会科学出版社,2007.

[4] 塞利格曼.持续的幸福[M].颜雅琴,译.北京:北京联合出版公司,2022.

[5] 塞利格曼.真实的幸福[M].洪兰,译. 杭州:浙江教育出版社,2020.

［6］吉尔伯特,等.幸福感［M］.史晓燕,译,北京:中信出版社,2020.

［7］吉尔伯特.哈佛幸福课［M］.张岩,时宏,译.北京:中信出版社,2018.

［8］本-沙哈尔.幸福的方法:哈佛大学最受欢迎的幸福课［M］.汪冰,刘骏杰,倪子君,译.北京:中信出版社,2022.

［9］本-沙哈尔.幸福的要素［M］.倪子君,译.北京:中信出版社,2022.

［10］海布伦.幸福［M］.肖舒,译.南京:译林出版社,2020.

［11］麦马翁.幸福的历史［M］.施忠连,徐志跃,译.上海:上海三联书店,2011.

［12］内特尔.幸福:追求比得到更快乐［M］.秦尊璐,译.北京:中信出版社,2020.

［13］柳博米尔斯基.如何获得幸福［M］.周芳芳,译.北京:中信出版社,2022.

［14］博诺.幸福的科学［M］.徐天凤,译.北京:中信出版社,2020.

［15］弗里斯.幸福等式:幸福与成功沉思录［M］.丁丹,译.北京:东方出版社,2019.

［16］吉尔德,等.可持续的幸福［M］.王漪虹,译.北京:华夏出版社,2016.

［17］杜特,等.幸福、经济与政治:走向多学科方法［M］.叶娟丽,韩瑞波,译.上海:复旦大学出版社,2017.

［18］洛格纳汗.幸福的科学:如何获得持久幸福力［M］.蔡山美,译.北京:中信出版社,2018.

［19］罗素.幸福之路［M］.傅雷,译.南京:江苏凤凰文艺出版社,2017.

［20］齐谛斯特.幸福［M］.余彬,译.上海:上海三联书店,2015.

[21] 穆勒.功利主义[M].徐大建,译. 北京:商务印书馆,2014.

[22] 橘玲.幸福资本论[M].王雪,译. 北京:东方出版社,2019.

[23] 汉利.伟大的目标:亚当·斯密论美好生活[M].徐一彤,译. 北京:社会科学文献出版社,2022.

[24] 人生学校.微小的幸福[M].陈鑫媛,译. 北京:北京联合出版公司,2018.

[25] 廷莱.幸福是什么？[M].陈俊铭,译. 北京:北京联合出版公司,2014.

[26] 哈里斯.幸福的陷阱[M].邓竹箐,祝卓宏,译. 北京:机械工业出版社,2018.

[27] 鲁宾.幸福哲学书[M].师端阳,译. 北京,中信出版社,2018.

[28] 布朗,惠特尔.未来工作[M].兰娜,译. 北京:中国科学技术出版社,2022.

[29] 伦克.诠释建构:诠释理论性评判[M].励洁舟,译. 北京:商务印书馆,2021.

[30] 迈尔-舍恩伯格,库克耶.大数据时代[M].盛杨燕,周涛,译. 杭州:浙江人民出版社,2013.

[31] 帕尔默.教育究竟是什么:100 位思想家论教育[M]. 任钟印,诸惠芳,译. 北京:北京大学出版社,2008.

[32] 孔特-斯蓬维尔,等. 美妙的幸福史:人类幸福的多维探寻[M]. 陈晶,译. 重庆:西南大学出版社,2022.

[33] 雅斯贝尔斯.什么是教育[M]. 童可依,译. 北京:生活·读书·新知三联书店,2021.

[34] 赫舍尔.人是谁[M]. 隗仁莲,安希孟,译. 贵阳:贵州人民出版社,2019.

[35] 韦伯.新教伦理与资本主义精神[M]. 马奇炎,陈婧,译. 北京:

北京大学出版社,2012.

[36] 弗洛里迪.在线生活宣言:超连接时代的人类[M]. 成素梅,译. 上海:上海译文出版社,2018.

[37] 罗格斯.数字方法[M]. 成素梅,陈鹏,赵彰,译.上海:上海译文出版社,2018.

[38] 霍尔姆斯.大数据[M]. 李德俊,洪燕青,译.南京:译林出版社,2020.

[39] 迈尔-舍恩伯格,库克耶.与大数据同行:学习和教育的未来[M]. 赵中建,张燕南,译.上海:华东师范大学出版社,2014.

[40] 瓦格纳.教育大未来[M]. 2 版.余燕,译.海口:南海出版公司,2019.

[41] 赫尔巴特.教育学讲授纲要[M].李其龙,译.北京:人民教育出版社,2015.

[42] 涂尔干.教育思想的演进[M]. 李康,译.上海:上海人民出版社,2003.

[43] 罗斯.超越大学:博雅教育何以重要[M].陈凤娇,译.北京:中国社会科学出版社,2017.

[44] 利奇.欲望之地:美国消费主义文化的兴起[M].孙路平,付爱玲,译.北京:北京大学出版社,2020.

[45] 弗洛里迪.信息伦理学[M].薛平,译.上海:上海译文出版社,2018.

[46] 布朗,惠特尔.未来工作[M].兰娜,译.北京:中国科学技术出版社,2022.

[47] 桑斯坦.网络共和国:网络社会中的民主问题[M].黄维明,译.上海:上海人民出版社,2003.

[48] 吉登斯,萨顿.社会学基本概念[M].2 版.王修晓,译.北京:北京

大学出版社,2019.

[49] 布鲁纳.布鲁纳教育文化观[M].宋文里,黄小鹏,译.北京:首都师范大学出版社,2011.

[50] 普林斯.叙事学:叙事的形式与功能[M].徐强,译.北京:中国人民大学出版社,2013.

[51] 拉斯洛.故事的科学:叙事心理学导论[M].郑剑虹,陈建文,何吴明,译.北京:北京师范大学出版社,2018.

[52] 纳斯鲍姆.培养人性:从古典学角度为通识教育改革辩护[M].李艳,译.上海:上海三联书店,2013.

(二)国内著作

[1] 刘次林.幸福教育论[M].北京:人民教育出版社,2003.

[2] 肖冬梅.幸福能力论[M].广州:中山大学出版社,2015.

[3] 施文辉.幸福的本质及其现实建构[M].上海:上海社会科学院出版社,2021.

[4] 于晓权.马克思幸福观的哲学意蕴[M].长春:吉林大学出版社,2008.

[5] 李德顺.价值论:一种主体性的研究[M].3版.北京:中国人民大学出版社,2013.

[6] 王拉娣,等.幸福的持续[M].北京:清华大学出版社,2017.

[7] 柴素芳.大学生幸福观教育论[M].北京:人民出版社,2013.

[8] 万俊人,等.什么是幸福[M].广州:广东教育出版社,2011.

[9] 戴潘.大数据时代的认知哲学革命[M].上海:上海人民出版社,2019.

[10] 周国平.幸福是一种能力[M].长沙:湖南文艺出版社,2020.

[11] 陈卫华.幸福哲学与人生困惑[M].南昌:江西人民出版社2015.

［12］刘烨. 道德情操论轻松读［M］.北京:新世界出版社,2009.

［13］吴晓明.复旦先贤教育思想论集［M］. 北京:生活·读书·新知三联书店,2021.

［14］焦娟,易欢欢,毛永丰.元宇宙大投资［M］. 北京:中译出版社,2022.

［15］彭晓宽.大数据时代思想政治教育创新发展研究［M］.长春:吉林出版集团股份有限公司,2020.

［16］丁心镜.幸福学概论［M］.郑州:郑州大学出版社,2010.

［17］游惠敏.移动互联网时代高校思想政治教育路径研究［M］.北京:中国社会科学出版社,2020.

［18］宋吉鑫,魏玉东.大数据伦理学［M］.沈阳:辽宁人民出版社,2021.

［19］梅宏.大数据导论［M］.北京:高等教育出版社,2010.

［20］罗仲尤. 思想政治教育属性研究［M］. 北京:知识产权出版社,2017.

［21］杨超. 当代西方价值教育思潮［M］. 广州:中山大学出版社,2011.

［22］高德胜. 生活德育再论［M］.北京:人民出版社,2019.

［23］张荣南.叙事的自我:我们如何以叙事的方式理解自身［M］.上海:华东师范大学出版社,2019.

［24］金耀基.大学之理念(增订版)［M］.北京:生活·读书·新知三联书店,2020.

［25］冯平.评价论［M］.北京:北京师范大学出版社,2022.

二、学术论文类

［1］钟秉林,尚俊杰,王建华,等. ChatGPT 对教育的挑战(笔谈)［J］.

重庆高教研究,2023(3):3-25.

[2] 王聪.关于"幸福教育"的伦理审思[J].教育理论与实践,2015(28):8-11.

[3] 高德胜.幸福·道德·教育[J].华东师范大学学报(教育科学版),2012(4):1-8,18.

[4] 李西彩,王宽."幸福教育"视域下的高校学生管理探析[J].中国成人教育,2011(18):28-30.

[5] 高峰.苏霍姆林斯基教育思想与幸福教育[J].比较教育研究,2010(3):12-15.

[6] 孟建伟.教育与幸福——关于幸福教育的哲学思考[J].教育研究,2010(2):28-33.

[7] 王甲成,张超.大学生幸福教育:高校思想政治教育不可忽视的领域[J].中国特色社会主义研究,2010(1):109-112.

[8] 苗元江,余嘉元.试论幸福教育的起点、核心、目标[J].教育评论,2001(5):7-8.

[9] 丁小浩.大数据时代的教育研究[J].清华大学教育研究,2017(5):8-14.

[10] 刘华栋.社交媒体"信息茧房"的隐忧与对策[J].中国广播电视学刊,2017(4):54-57.